## 이 책에 대한 찬사

위조범으로서 카민스키의 삶은 어떤 기준으로 봐도 놀랍다. 그는 격동의 1940년대부터 1960년대 말까지 전 세계의 모든 혁명과 대의를 위해 봉사했다. 굳건한 원칙에 따라 투쟁했고, 새로운 밀레니엄에 이르기까지 젊은 날의 비밀을 철저히 감추었으며 딸인 사라 카민스키의 간곡한 권유로 놀라운 이야기를 들려주기로 결심했다. 그리하여 이토록 흥미진진한 책이 탄생했다. **《하레츠》**

누군가의 여권이나 송교가 삶과 숙음을 가르는 순간에 직면한 카민스키의 이야기는 고통스럽지만 무한한 영감을 준다. **《뉴욕 타임스》**

사라 카민스키는 아돌포의 이야기를 자신의 목소리로 옮기면서 아버지라는 인물을 완벽하게 연기하여 이 책이 회고록처럼 읽히게 만들었다. 이 책은 진심 어린 수수께끼를 숨긴 채 부담스럽지 않고 담백하게 쓰인 강력한 오마주이다. **《예루살렘 포스트》**

뛰어난 문서 위조 기술자였던 아돌포 카민스키의 비밀스러운 삶에 대한 매혹적인 묘사. 흥미진진하고 감동적인 서사가 물 흐르듯 펼쳐진다. 모든 도서관의 전기와 역사 서가에 반드시 꽂혀 있어야 할 책이다. 적극 추천한다. **《라이브러리 저널》**

사라 카민스키는 대단한 일을 해냈다. 실로 용기 있는 사람의 긴장감 넘치고 매혹적이며 스릴 넘치는 이야기. 완전히 몰입해서 단숨에 읽었다. **《포틀랜드 리뷰》**

카민스키의 기술이 삶과 죽음을 갈랐던 그림자 같은 생애가 교차하는, 한 세기를 가로지르는 세밀하고 감동적인 이야기가 여기 있다. **《리베라시옹》**

모든 저항 운동에는 위조범이 있었지만, 그들의 이야기를 들려준 사람은 거의 없었다. 카민스키처럼 많은 위조범들이 일을 시작할 당시에는 아주 젊은 기술자이자 화학자였다. 사라 카민스키가 아버지의 삶을 애정 어린 시선으로 그려낸 이 책은 단순히 뛰어난 장인이 아닌, "위험에 처한 모든 생명"을 구하기 위해 노력한 한 사람에 관한 책이다. 《타임스 리터러리 서플리먼트》

영화로 만들어진다면 아돌포 카민스키의 삶은 서스펜스 스릴러, 전쟁 영화, 역사적 비극, 친밀한 드라마, 로맨틱 코미디, 공포의 장면을 모두 갖출 수 있을 것이다.
《오 글로보》

"최고의 스파이 소설에 버금가는" 이야기. 2차 세계대전 중 프랑스 레지스탕스에 가담하여 수천 명의 유대인을 구하고 30년 동안 전 세계의 다양한 대의를 위해 자신의 신념과 지식을 바친 천재 위조범 아돌포 카민스키의 이야기를 담고 있다. **TED.com**

이 책의 화자인 아돌포가 중심이 되지만, 이야기는 자유를 위한 투쟁의 톱니바퀴에 해당하는 수십 명의 용기 있고 흥미로운 인물들로 채워져 있다. 이들로부터 아돌포는 "'저항'과 '테러' 사이의 경계는 때때로 매우 미세하고 알아채기 어렵다"는 것을 배운다. 이 책은 투쟁에 나선 민중과 지식인, 정치적 당파의 숨겨진 세계에 대한 잊을 수 없는 통찰을 제공한다. 《유대인 도서 위원회》

의심할 여지 없이 올해 가장 매혹적인 책 중 하나. 《파리 투데이》

카민스키는 그림자 속에서 레지스탕스의 가장 빛나는 시절을 살았다. 《르몽드》

어느
레지스탕스
위조범의
생애

**Adolfo Kaminsky, une vie de faussaire**
by Sarah Kaminsky
© Calmann-Lévy, 2009
Korean translation © 2025 by Bread and Roses
All rights reserved.
The Korean language edition published by arrangement with
ÉDITIONS CALMANN-LÉVY and MOMO Agency, Seoul.

이 책의 한국어판 저작권은 모모 에이전시를 통해
ÉDITIONS CALMANN-LÉVY사와의 독점 계약으로 "빵과장미"에 있습니다.
저작권법에 의해 한국 내에서 보호를 받는 저작물이므로
무단전재와 무단복제를 금합니다.

어느
레지스탕스
위조범의
생애

사라 카민스키 글
이세진 옮김

빵과장미

## 일러두기

1 지은이의 주는 따로 밝히지 않았고 옮긴이의 주는 옮긴이라는 표기를 덧붙였다.

2 외래어 표기는 국립국어원 외래어표기법에 따랐으며 관용적으로 굳은 것은 관례에 따랐다.

3 본문에 나오는 여러 조직과 단체는 약어로 적었으며 원래 명칭은 다음과 같다.

국민해방운동 MLN(Mouvement de Liberation Nationale)
국제공산당 PCI(Parti communiste international)
기니비사우–카보베르데 아프리카독립당 PAIGC(Partido Africano da Independência da Guinée Cabo Verde)
노동자인터내셔널 프랑스지부 SFIO(Section Française de l'Internationale Ouvrière)
레지스탕스통합운동 MUR(Mouvements Unis de la Résistance)
민족해방군 ALN(Armée de Libération National)
비밀군사조직 OAS(Organisation armée secrète)
시민군조직 OCM(Organisation civile et militaire)
시온주의청년운동 MJS(Mouvement de Jeunesse Sioniste)
아동구제사업 OSE(Œuvre de Secours aux Enfants)
아프리카민족회의 ANC(African National Congress)
알제리국민해방전선 FLN(Front de Libération Nationale)
알제리민족운동 MNA(Mouvement national algérien)
앙골라해방운동 MPLA(Movimento Popular de Libertação de Angola)
유대군대 AJ(Armée juive)
유대인투쟁조직 OJC(Organisation Juive de Combat)
의무노동부 STO(Service du travail obligatoire)
의용대와 유격대 FTP(Francs-Tireurs et Partisans)
이민노동력 MOI(Main-d'œuvre Immigrée)
저항군무장세력 FAR(Fuerzas Armadas Rebeldes)
프랑스공산당 PC(Parti communiste)
프랑스이스라엘인스카우트 EIF(Eclaireurs israélites de France)
프랑스이스라엘인총연맹 UGIF(Union générale des israélites de France)
혁명 행동을 위한 통합 동맹 LUAR(Ligue unie pour l'action révolutionnaire)

레일라에게

**차례**

이야기를 시작하며 10

어느 레지스탕스 위조범의 생애 15

이야기를 마치며 264

감사의 말 268

옮긴이의 말 269

### 이야기를 시작하며

"네가 전부 알고 싶다니까 하는 말인데, 그럼 네가 내 인생에 대해 아는 것부터 말해다오. 이를테면, 내가 레지스탕스였다는 사실은 언제 알았니?"

"솔직히, 아는 것도 아니에요. 문서위조 얘기는 더 모르고요. 알제리에 살 때는 제2차 세계대전이 뭔지도 모르는 나이였지요. 아버지는 나에게 무자이드[1]였어요. 다들 그렇게 불렀으니까."

"하지만 프랑스에 와서는 알았지."

"바로 알게 된 건 아니에요. 아버지가 얘길 안 했으니까. 나는 크면서 아

---

[1] 이슬람 전사라는 뜻. 복수형은 무자헤딘.(옮긴이)

버지가 거리의 비행 청소년들을 사회와 가정으로 돌려보내는 특수교사라고 생각했어요. 아버지는 그애들에게 일자리를 찾아주고 사진을 가르쳐주었죠. 하지만 어른들의 대화를 옆에서 듣다가 실마리가 드문드문 얻어걸릴 때가 있었어요. 내가 얻은 정보는 앞뒤가 맞지 않고 죄다 혼란스러웠죠. 외부에서 연달아 일이 터지면서 알게 됐어요. 극우파 잡지《미뉘트》에 기사가 난 적 있잖아요, 기억하세요?"

"당연하지, 심지어 가지고 있단다. 자, 봐라."

전직 문서위조범이 개과천선하다. 한때 문서위조를 일삼던 자가 지금은 청소년 교화에 힘쓰고 있다. 장송 네트워크의 일원으로서 프랑스와 싸우던 알제리 국민해방전선(FNL)을 도왔다. 이 자는 현재 북아프리카 이민자 출신 비행 청소년을 재교육하고……

"아, 맞아요!"

"이 기사가 난 후에 내가 맡은 애들이 농담이랍시고 헛소리를 하더라. 그것도 돼먹지 않은 농담을 말이야. '내 친척도 서류가 좀 필요하대요.' '난 위조지폐로 몇 천 프랑 부탁할게요.'"

"우리가 프랑스 귀화 서류를 준비할 때 제출한 편지들을 한참 뒤에 본 기억이 나요. 특히 그중 한 통에 관심이 쏠렸어요. 아버지가 1945년에 프랑스 군대에서 첩보와 방첩 활동에 힘써준 데 감사한다는 편지였어요. 난 생각했죠, 와, 우리 아버지가 비밀 요원이었다니! 사람마다 아버지에 대해 하는 말이 다 달랐어요. 문서위조범, 레지스탕스, 영웅, 반역자, 비밀 요원, 무법자, 무자이드……"

"넌 어떻게 생각했는데?"

"언젠가는 내가 밝혀야겠다 생각했죠. 자, 내가 아버지에 대해 물어볼 사람들 명단을 작성해봤어요."

"어디 보자…… 아이고, 길기도 하구나. 쉽지 않을 게다. 대부분 저세상 사람이 됐거든."

내가 아무것도 물어볼 수 없게 된 사람들을 빼고 나니 명단은 반으로 줄어 있었다. "일을 많이 덜겠구나." 아버지는 농담처럼 말했다. 괴로운 화제가 튀어나오면 아버지는 늘 농을 쳤다.

죽음, 시간. 아버지는 내가 이 책을 써야 하는 이유를 방금 짚어주었다. 너무 늦지 않도록. 아버지가 당신의 비밀, 당신의 사연을 품은 채 스러지지 않도록. 당신 삶의 수수께끼들이 답을 찾지 못한 채 남지 않도록.

내가 '아버지'로만 알고 있던 아돌포 카민스키라는 사람을 알게 되기까지 2년에 걸친 조사와 20여 건의 인터뷰가 필요했다. 침묵을 해독하고, 하나의 현으로 울리는 화음들 사이로 아버지가 언어로 발화하지 않은 것을 감지하고, 비유를 이해하고, 내 공책을 가득 채운 일화들에 숨은 메시지를 찾아야 했다. 때로는 타인들의 눈으로 보아야 했다. 아버지의 선택, 위조범으로 살아온 일생, 레지스탕스 운동, 정치 참여, 아버지가 이해할 수 없었던 사회와 거기에 들끓던 미움들, 정의롭고 자유로운 세상을 만들겠다는 의지를 이해하기 위해서.

어느
레지스탕스
위조범의
생애

# 1

1944년 1월, 파리. 생제르맹데프레 지하철역에 도착한 나는 지체 없이 계단을 내려갔다. 파리 동쪽, 페르라셰즈 방면 노선을 타야 했다. 다른 승객들과 좀 떨어진 자리의 접의자를 택했다. 나는 소중한 물건이 들어 있는 서류 가방을 꼭 끌어안았다. 지나치는 정거장들을 확인했다. 레퓌블리크, 이제 세 정거장만 더 가면 된다. 옆 차량에서 소음과 말소리가 들렸다. 지하철에서 몇 초 동안 신호음이 울리고 있었지만 문은 닫히지 않았다. 목소리들이 발소리에 묻혔다. 요란하고 둔탁한, 특유의 발소리. 나는 단박에 알아차렸다. 타는 듯한 고통이 가슴팍에서 올라왔다. 바로 그때, 완장을 차고 박박 민 머리에 베레모를 쓴 의용 순찰대원들이 전동차 내부로 난입했다. 기관사에게 신호가 떨어지자 문이 닫혔다.

"신분증 검사합니다! 모두 신분증 꺼내세요!"

나는 뒤돌아보지 않았다. 구석 자리에서 내 차례가 오기를 기다렸다. 경찰 검문에는 오래전부터 익숙했지만 오늘은 어쩔 수 없다. 두려워서 견딜 수가 없다.

　냉정을 되찾고 표정 관리를 했다. 무엇보다, 감정이 드러나선 안 된다. 오늘은, 지금은 안 된다. 숨가쁘게 치닫는 상상의 선율에 감응해 다리가 후들거려선 안 된다. 이마에 구슬땀이 흘러서는 안 된다. 혈관으로 밀려드는 피를 멈추어야 한다. 펄떡대는 심장박동을 늦춰야 한다. 천천히 숨을 쉰다. 공포를 억누른다. 불안을 감춘다. 의연하게. 다 괜찮다. 나에겐 완수해야 할 임무가 있다. 불가능은 없다.

　바로 등 뒤에서 저들이 신분증을 검사하고 가방을 뒤지고 있다. 나는 다음 역에서 내려야 한다. 문이란 문은 다 의용대원이 지키고 섰다. 검사를 피할 길이 없다. 그래서 내 발로 먼저 일어나 이쪽으로 다가오는 의용대원에게 자신 있게 신분증을 내밀고 이제 곧 내려야 한다는 손짓을 해 보인다. 그는 큰소리로 내 신분증에 기록된 내용을 읽었다. "쥘리앵 켈레르, 열일곱 살, 염색공, 크뢰즈 지방 앵 출신……" 신분증을 뒤집어보고 구석구석 살피더니 의심 많은 작은 눈을 들어 내 반응을 살폈다. 나는 지금 공포에 질렸다. 하지만 그는 눈치채지 못할 것이다. 겉으로 보기에는 아무렇지도 않으니까. 신분증은 아무런 문제가 없다. 이 또한 확신할 수 있다. 게다가 이 신분증은 '내 작품'이란 말이다.

　"신분증은 문제없고…… 켈레르, 알자스 사람이야?"
　"네."

"이건? 안에 뭐가 들었나?"

바로 이걸 피하고 싶었건만. 의용대원은 내가 든 서류 가방을 가리켰다. 초조한 나머지, 가방을 쥔 손아귀에 힘이 들어갔다. 순간, 발아래 땅이 꺼지는 것 같았다. 나는 걸음아 나 살려라 내빼고 싶었다. 하지만 도주 시도는 소용없는 짓일 터, 공포에 피가 얼어붙는 것 같았다. 임기응변이 필요했다. 깜짝 놀란 표정, 바보처럼 맹한 표정을 지었다.

"귀먹었어? 안에 뭐 들었냐고." 의용대원이 언성을 높였다.

"먹을거리 좀 챙겼습니다. 보여드려요?"

나는 그렇게 말하면서 가방을 열었다. 실제로 샌드위치가 들어 있었으니 문제 될 것은 없었다. 내가 무슨 짓을 해서라도 숨기고 싶은 물건을 완전히 가릴 만큼 큼지막한 샌드위치였다. 의용대원은 잠시 멈칫했다가 내 눈을 들여다보며 눈빛이 흔들리는지 살폈다. 나는 다시 한 번 한없이 맹한 미소를 지어 보였다. 아무것도 모르는 바보 행세, 필요하다면 언제라도 할 수 있는 행동이다. 몇 시간 같은 몇 초가 흘렀다. 드디어 페르라셰즈 역에 도착했다. 신호음이 울렸다. 곧 차량 문이 닫힐 것이다.

"됐어, 가봐."

묘비들 위로 불던 날카로운 바람 소리가 여전히 기억에 생생하다. 나는 페르라셰즈 묘지 오솔길에 놓인 벤치에 앉아 있었다. 여기에 사색이나 하자고 온 것은 아니다. 이가 딱딱 부딪혔다. 몸이 떨렸다. 지하철에서 내리자마자 여기까지 걸어와야 했다. 정신을 수습하고 평온한 표정 아래 감추었던 감정을 다시 끌어내려면 혼자 있을 시간이 필요했다. 나는 이를 회상 충격이라고 부른다. 억압된 감정을 신체가 배출하는 과정이랄까. 이제 피부에 돋았던 닭살이 가라앉기를, 잔뜩 힘이 들어간 손이 편안히 풀리기를 기다리기만 하면 된다. 끈기가 필요하다. 시간이 얼마나 걸렸을까? 모르겠다. 5분, 아니면 10분. 추위를 느꼈고 정신이 들었다. 내가 왜 엄청난 위험을 감수하고 여기 왔는지, 누구를 위해 왔는지, 나의 임무가 얼마나 긴박한지가 모두 기억났다. 적막한 묘지에서 정신을 빼놓고 있을 때가 아니었다. 1분 1초도 지체할 수 없었다. 절망과 자기 연민, 두려움과 낙심, 그런 감정에 빠져들 시간은 없었다.

다시 떠날 채비를 했다. 일어서기 전에 조심스레 서류 가방을 열어 마지막으로 확인했다. 샌드위치를 집어 들어 보았다. 전부 그대로였다. 나의 보물. 공란을 채우지 않은 프랑스 신분증 쉰 개. 펜과 잉크. 고무 스탬프와 스테이플러까지.

그날, 그전에도 자주 그랬듯이, 나는 전날 받은 명단에 있는 사람들을 한명 한명 찾아갔다. 밤을 새워 그들의 이름과 주소를 외웠다. 열 가구에 이르는 유대인의 이름과 주소. 행정기관에 잠입한 동조자들의 도움을 받아 우리 조직이 알아낸바, 그들은 내일 새벽 체포될 예정이었다. 나는 메닐몽탕 대로를 따라가다가 쿠론 거리로 꺾어 벨빌 대로에 면한 골목길로 들어갔다. 매번 낯선 이름들에 새 얼굴들이 겹쳤다. 물랭졸리 거리, 블뤼망탈家, 모리스, 뤼시와 그의 자녀들, 장, 엘리안과 베라는 가짜 신분증을 수령했고, 레지스탕스에 들어왔다.

신분증용 사진을 집에 구비하고 있다면 일은 식은 죽 먹기다. 신분증에 사진을 스테이플러로 부착하고 시청 공무원 글씨체로 이름을 정성껏 써넣기만 하면 되니까. 어떤 집은 다행히 위조 신분증은 이미 수령했지만 '현장'에서 수행할 마무리에 필요한 부속품을 갖추고 있지 않았다. 그래도 이들은 나의 경고를 진지하게 받아들이고 소집당하기 전에 신속히 몸을 피하겠노라 약속했다. 그들에게는 어쨌든 자신들을 숨겨줄 삼촌, 진十, 사촌이 있었다. 의탁할 데가 없는 사람들도 있었다. 그들은 처음에는 위조 신분증 수령을 거부했지만, 내가 어떤 대가도 요구하지 않는다고 재차 말하면 생각을 바꾸었다. 안타깝게도 모두가 그렇게 쉬이 설득되지는 않았다. 이를테면 어느 날 저녁 찾아간 오베르캉프 거리의 드라우다 부인. 이 과부는 정신이 온전치 않은 데다 끝까지 나를 무슨 꿍꿍이 있는 사람 취급 해서 어찌나 기가 찼는지. 내가 신분증을 주겠다 했더니 부인은 오히려 기분 나빠 했다. "내가 왜 숨어요? 내가 무슨 짓을 했다고? 난 조상 대대로 프랑스인이라고요!" 부인의 어깨 너머로 거실 식탁에서 얌전히 밥을 먹고 있는 아이 넷이 눈에 들어왔다. 나는 최선을 다해 부인을 설득했다. 우리 조직이 아이들을 숨겨주겠다고, 시골로 가서 좋은 사람들 집에서 안전하게 지낼 거라고, 아이들 소식도 전해들을 수 있을 거라고 말했다. 애원하다시피 했지만 소용없었다. 부인은 분한 표정을 풀지 않았고 내 말은 귓등으로도 듣지 않았다. 가장 충격적이었던 일은, 드랑시 수용소에 있을 때 몇 량이나 되는 열차가 곧 처형당할 수용자를 수천 명씩 태우고 가는 광경을 똑똑히 보았노라 말했는데도 부인은 냉랭한 말투로 "죽음의 수용소 따위는 존재하지 않는다" "나는 영국과 미국의 거짓말투성이 선전을 믿지 않는다"라고 대꾸한 것이다. 그러고 나서 잠시 가만히 있더니 당장 꺼지지 않으면 경찰에 신고하겠다고 위협했다. 경찰이 그들을 보호해준다고? 내일 그들을 체포하러 올 경찰이?

서류 가방과 슬픔을 내가 져야 할 짐으로 삼고 한집 한집 찾아다녔다. 머릿속으로 명단을 헤아리고 작성했다. 한쪽에는 레지스탕스에 합류할 사람들 명단이, 다른 쪽에는 수용소로 끌려갈 사람들 명단이 주르르 떠올랐다. 나는 이미 알고 있었다. 후자의 명단은 영원히 잊지 못할 것이다. 내 기억에서 그들의 이름, 그들의 얼굴은 결코 완전히 지워지지 않으리라. 그들은 나의 악몽이 되리라. 그들이 자유를 누리며 살아가는 모습을 본 마지막 사람이 나라면 기억 속에 자그마한 자리라도 내어주는 게 옳을지도 모르겠다.

　서두른다고 서둘렀는데도 소용없었다. 살을 에는 겨울밤이

2월의 마지막 맑은 햇살까지 쓸어 가버렸다. 마지막으로 들른 집 문이 닫혔을 때는 이미 통행금지령이 떨어진 지 한참 지났다. 나는 가로등 불빛에 내 모습이 드러나지 않도록 그림자로 변해서 벽에 딱 붙어 다녀야 했다. 발소리를 죽이고 땅에서 미끄러지며 모습을 감추어야 했다. 하지만 그에 앞서, 공중전화 부스를 찾아 연락책에게 내 구역에서 임무를 완수했다고 알려야 했다. 전화를 걸어 암호화된 메시지를 전한 후에야 귀가할 수 있었다.

  불안한 걸음으로 20분쯤 걸었나, 드디어 저 멀리 청년의 집 벽돌 건물이 보이기 시작했다. 지금은 여성 쉼터가 되었지만 당시에는 대학생과 청년 노동자만 이용할 수 있는 기숙사였다. 방세가 워낙 저렴했기에 더 좋은 거처를 찾을 때까지 머물 작정으로 나도 들어갔나. 창살문 앞에서 종을 여러 번 울렸시만 아무노 나오지 않았다. 발이 꽁꽁 언 채로 오들오들 떨면서 통행금지 시간이 다 지날 때까지 기다렸다. 어슴푸레한 구석구석에서 위협적인 실루엣이, 그림자가 보이는 것 같았다. 무슨 소리가 들리는 듯도 했다. 위험하다는 생각이 들었다. 하지만 갈 데가 없었다. 진이 빠졌다. 마지막으로 별 기대 없이 종을 한 번 더 울려보고는 건물 입구 계단에 쭈그리고 앉았다. 고개를 어깨 사이로 떨구고 두 팔로 몸을 감싼 채 동이 트기를 기다렸다. 눈을 붙일 수 없었고 바람 소리에도 화들짝 소스라쳤다. 드라우다 부인이, 내가 설득하지 못한 모든 사람이, 특히 어린아이들이 생각났다. 뭐라 해야 할지 모르지만 죄책감이 들었다. 좀 더 적절한 표현을, 설득력 있는 말을 찾지 못해 아쉬웠다. 나의 노력이, 동지들의 노력이 헛되지 않으리라 계속 믿고 싶었다. 체념하고 싶지 않았다. '수달'은 통행금지 시간이 되기 전에 구역을 다 돌았을까, 나보다 더 많이 신분증을 배부했을까. 그가 체포되지 않기를 바랐다. 체포당했다면 죽은 목숨이다. 1944년 1월이었다. 신분증에 새겨진 나이 열일곱 살은 아니었지만 나는 고작 열여덟 살이었다. 한 살을 줄여서 STO[2]의 징용을 피할 수 있었다. 전쟁이 터져 어린 시절은 단절되었고, 아직 어른 같지는 않았지만 더 이상 어린아이가 아니라는 것만은 확실히 알았다.

경찰이 파리의 문서위조 부대를 찾느라 혈안이 되어 있다는 사실은 잘 알고 있었다. 내가 위조문서를 대량 생산할 수 있는 체제를 구축한 결과, 프랑스 북부와 벨기에, 네덜란드에 이르기까지 가짜 신분증을 소지한 사람들이 넘쳐났으니 모르려야 모를 수가 없었다. 프랑스에서 가짜 신원을 원하는 사람은 어디에 거주하든 레지스탕스 지부를 접촉하면 바로 신분증을 받을 수 있었다. 모두가 아는 사실을 경찰이 모를 리 있겠는가. 가짜 신분증을 만들면 만들수록 조심하고 또 조심해야 했다. 내가 믿는 구석이 있다면, 경찰은 기계 설비, 인쇄기, 제지 공장 등을 확보한 '업계 사

---

2  독일이 전쟁을 수행하기 위해 프랑스 노동자 수십만 명을 독일로 보내 강제 노역을 실시한 제도.(옮긴이)

람'을 찾고 있을 거라는 점이었다. 그들이 찾는 위조범이 풋내기 어린애라는 생각은 하지 못했으리라.

당연히, 그리고 다행히, 나는 혼자가 아니었다. 작업실 총책은 스물네 살의 샘 쿠지엘이었다. 다들 그를 '수달'이라고 불렀다. 나에게 기술 책임자 자리를 넘기고 간 사람은 르네 글뤼크, 일명 '수련'이었다. 화학자였고 나이는 스물네 살이었으며 아이들을 호송하고 국경을 넘는 일을 맡았다. 그들은 전쟁이 나기 전 프랑스 이스라엘인 스카우트(EIF)에서 만났고 여기서 사용하던 별칭을 토템처럼 여겼다. 작업실에는 수지와 에르타 시들로프 자매도 있었다. 동생은 스무 살, 언니는 스물한 살이었고 둘 다 미대생이었다. 자매는 더없이 열심히 일하면서도 항상 명랑한 모습으로 특별한 기여를 했다. 저 '유명한' 문서위조 작업실은 이렇게 구성되었고, 우리는 프랑스 이스라엘인 총동맹(UGIF)의 비밀 부서 '6부서' 소속이었다. 우리 다섯 명 말고는 작업실 위치를 아는 사람이 아무도 없었다. 심지어 윗선들도 알지 못했다. 어떤 이유로든 그들조차 알아서는 안 되었고, 이 규칙이 엄수되었기에 우리는 오만가지 위험이 도사리는 와중에도 우리 일을 할 수 있었다.

우리는 화가 행세를 하고 다녔다. 생페르 거리 17번지 꼭대기층의 좁고 길쭉한 다락방을 화실처럼 꾸며놓고 작업실로 썼다. 15제곱미터 정도의 아주 작은 방이었지만 천창이 나 있어서 채광은 좋았다. 나란히 붙여놓은 책상 두 개만으로 한쪽 벽면이 꽉 찼다. 책상 하나에는 타자기 두 대를 놓았고 다른 책상에는 압지를 두었다. 벽에 고정한 선반에는 화학용품들과 여러 종류의 잉크를 꼼꼼히 분류해 사용 순서대로 올려놓았다. 일부러 붓도 몇 자루 올려놓았기 때문에 누가 본다 해도 수상쩍은 물건이라고 생각하지는 못할 터였다. 위장에 만전을 기하기 위해 나는 책상에 이중 바닥 서랍을 열 칸쯤 만들어 달았다. 거기에 넣어두면 다량의 위조문서를 눈에 띄지 않게 한꺼번에 말릴 수 있었다. 나머지 벽에는 우리가 재미삼아 그린 그림들을 걸었다. 그림들 뒤에는 완성된 가짜 신분증을 접선책에게 전달하기 전까지 숨겨두었다. 우리는 시간표에 따라 일했다. 건물 수위의 의심을 사지 않으려고 직장인처럼 출퇴근 시각에 맞춰 움직였고 가끔은 팔레트를 들고 왔다 갔다 했다. 그래서 화학약품 냄새가 나도 이웃들이 이상하게 여기지 않았다. 계량기 검침을 나온 전기 회사 사람도 마찬가지였다. 우리 작업실에 올 때마다 그림이 참 멋지다고 했다. 검침을 마치고 나가는 그의 발소리가 계단에서 더 이상 들리지 않으면 우리는 배를 잡고 웃었다. 이 말은 믿어도 된다, 우리가 그린 그림들은 아무리 좋게 봐도 멋지다고는 할 수 없었다.

우리 조직이 UGIF 내부에서 탄생했다는 점은 특기할 만하다. UGIF는 비시 체제[3]가 만든 유대인 단체이고 국가가 징발한 유대인의 재산으로 운영되었다. 이 단체의 임무는 유대인들을 모아들이는 것이었다. 미성년자들은 보육원에 보내서 교육과 적절한 음식을 제공했다. 그래서 UGIF가 정말로 선량하고 진실한 동기로 움직이는 단체라고 생각하는 사람도 많았다. 하지만 프랑스 정부는 도덕의 허울을 쓰고 어느 나라보다 앞서 체계적인 강제 이송을 실행할 방법을 찾아냈다. 유대인의 신상을 파악하고 펀치카드로 정리해두었던 것이다. 달리 갈 데가 없고 밥벌이도 금지당한 유대인들은 UGIF에 손을 내밀고 이 단체에서 운영하는 시설에 들어가 살 수밖에 없었다. 그런 식으로 신상 정보가 노출되었고 그들은 거의 곧바로 소집당했다. UGIF의 일부 책임자들은 자신들이 본의 아니게 강제 송환에 협력하고 있음을 깨닫고 기밀 부서를 만들어 운용 자금 일부를 그쪽으로 돌렸다. 그러고는 자원해서 일할 사람을, 주로 EIF에서 발탁했다. EIF는 오식 레지스탕스에 가담하기만을 바라는 충직한 젊은이들의 조직이었기 때문이다. 처음에는 그들이 네트워크의 대다수를 차지했다. 6부서는 이중 첩자들 덕분에 UGIF 운영 시설을 비롯해 어디서든 당장 소집당할 유대인들의 명단을 거의 전부 미리 확보할 수 있었다.

나는 6부서의 작업실에 맨 마지막으로 합류했지만 들어가자마

---

3    1940~44년 독일과 평화협정을 체결하고 남프랑스에 존속한 나치 독일의 협력국으로 임시 수도를 오베르뉴 지방의 비시에 두었다. 당시 해외 망명 중이던 자유프랑스 정부와 구분하기 위해 비시 정부라 부른다.(옮긴이)

자 작업 방식을 완전히 갈아엎어야 했다. 수련이 탈지면에 일반 수정액이나 한 번 끓인 자벨수[4]를 적셔서 '유대인'이라 찍힌 글자를 지우고 수지가 색연필로 종이에 다시 색을 입힌다는 말을 듣고는 기절할 뻔했다! 위험하리만치 어설픈 방식이다. 나는 피부나 땀에 닿으면 며칠 후 지운 글씨가 노란색으로 다시 나타날 거라고 설명했다. 그리고 수정액을 알칼리성 제재로 중화하지 않으면 계속 종이를 부식시켜 위조한 부분이 압지처럼 변한다고 알려주었다. 그렇게 만든 위조 신분증은 쓰지도 못할 터였다. 동지들이 놀란 눈으로 지켜보는 가운데, 나는 직접 제조한 화학약품으로 시범을 보이면서 앞으로는 이런 식으로 해야 한다고 설명했다. 사실 나에게는 식은 죽 먹기였다. 염색공으로 일하고 유가공 화학 전문가를 보조하면서 기술과 지식을 얻었으니까. 나는 염색업장에서 견습 생활을 하면서 모사毛絲에 영향을 주지 않으면서 면사綿絲에만 색을 입히거나, 반대로 모사에만 색을 입히는 법을 익혔다. 게다가 열네 살 때부터 소위 '지워지지 않는' 잉크 지우는 법을 연구하느라 이런저런 화학 실험을 해본 터였다. 몇 년을 매달려 분석해봤지만 지울 수 없는 잉크는 없었다. 모든 잉크는 지울 수 있다.

그들의 열광적인 반응이 재미있었다. 수지는 마법 같다고 했다.

---

4   프랑스 자벨 지방에서 만든 섬유공업용 표백제.(옮긴이)

수련은 작업실에서 딱 맞는 화학 기술자를 찾았고 자신이 더 이상 필요하지 않다고 판단했는지 아이들 호송 일에 전념하기로 결심했다.

  그때는 정말 초창기였다. 나중에는 문서가 점점 더 위조하기 어려워졌는데 가짜 신분증을 원하는 사람은 하루가 다르게 늘어갔다. 내가 조직에 들어갔을 때 6부서는 이미 시온주의청년운동(MJS), 유대인투쟁조직(OJC), 아믈로 거리의 무료 병원, 아동구제사업(OSE) 같은 유대인 네트워크들과 긴밀한 관계에 있었다. 그후에는 런던의 지령을 받아 콩바[5]와 협력 중이던 국민해방운동(MLN), 리베라시옹노르(Libération-Nord) 같은 조직들, 그리고 의용대와 유격대(FTP), 이민노동력(MOI) 같은 공산주의 조직들도 접근해왔다. 통합 레지스탕스가 모양새를 갖추어가고 있었다. 서로 다른 조직들이 각자 특기를 발휘해 유대인 강제 이송에 맞서 싸우고 마키maquis[6]를 조직했다. 이렇게 도처에 점조직들이 있었기 때문에 결정적 정보를 주고받을 수 있었다. 당시의 레지스탕스는 이처럼 별개의 소집단으로 구성되어 활동하면서도 차츰 촉수를 뻗은 낙지 같은 구조적 형태를 갖추었고, 계파들이

---

[5]  '콩바Combat'는 '투쟁, 싸움'을 뜻하는 프랑스어로 제2차 세계대전 당시 프랑스 레지스탕스 조직의 하나였다. 동명의 기관지 《콩바》에서 알베르 카뮈, 로제 그르니에 등이 활동했다.(옮긴이)

[6]  레지스탕스 대원들의 은신처.(옮긴이)

상호 협력하는 관계를 맺었다. 우리 조직은 프랑스에서 가장 기발한 재주를 발휘했고 성과가 높았으며 위조문서 생산량으로는 타의 추종을 불허했다. 그사이에 내가 신분증의 글씨 부분을 위조하는 방식에서 벗어나 아예 국립인쇄청에서 나오는 새 종이로 신분증을 위조하는 방법을 찾아냈기 때문이다. 나는 이 종이를 두껍게 만드는 작업을 했고 도장이나 시청 '공인' 스탬프도 손수 만들었다.

실제로는 작업실이 하나뿐이 아니었다는 말을 해야겠다. MLN의 문서위조 책임자 모리스 카슈가 직접 접촉을 해왔다. 내가 놀라운 기술 혁신을 이루었다는 소식을 들었던 것이다. 그는 사진제판을 할 수 있는지 알고 싶어 했다. 당시 나는 장거리 이동에 따르는 어려움과 경찰 검문을 피하기 위해 청년의 집을 나와 6부서와 아주 가까운 자코브 거리의 다른 숙사에 들어갔다. 내가 아마추어 사진가라고 했더니 나를 예쁘게 봤던 숙사 요리사 아주머니가 내 방 바로 위층에 있는 빈방 하나를 더 빌려주었다. 거기에서 사진 실험이나 인화를 하는 줄 알았을 것이다. 사실은 MLN 문서위조 연구실을 차려놓았는데 말이다. 원래는 하녀 방이었지만 아는 사람은 아무도 없었고 오로지 나만 드나들 수 있었다.

나는 밤에는 종이 작업을 했다. 사진제판 기술을 익힌 덕분에 스탬프, 상단에 고유한 표식이 인쇄된 종이, 워터마크까지 무한대로 위조할 수 있었다. 이름을 기입하지 않은 상태의 위조 신분증은 전부 자코브 거리 작업실에서 나왔다. 이 모든 것을 즉석에서, 벼룩시장에서 찔끔찔끔 구한 재료와 도구로 만들어내야 했다. 하지만 나는 요리조리 솜씨를 부려 진짜 사진제판 작업실에서 사용해도 될 만큼 정교한 기기를 만들어냈다. 감광액을 판에 고르게 도포하려면 원심력을 이용하는 방법밖에 없었기 때문에 자전거 바퀴로 원심기까지 만들었다. 파이프는 산성 물질에 손상된 종이를 문질러 펴고 다시 윤기 나게 하는 데 안성맞춤이었다. 나는 담배를 피우지 않았으므로 파이프는 달리 쓸 데도 없었다. 나는 또 볼록렌즈와 오목렌즈, 거의 투명한 거울을 써서 레오나르도 다빈치가 사용했던 것 같은 기기를 재현했다. 이 기기로 그림(혹은 스탬프)의 허상을 투사하면 아주 정밀하게 손으로 따라 그릴 수 있었다. 하나부터 끝까지 수작업이었지만 효과는 만점이었다! 나는 끊임없이 새로운 것을 만들어내야 했기 때문에 한숨도 못 자는 날이 많았다.

걸어서 지척이니 아침마다 지하철을 타지 않아도 새로 만든 위조 신분증을 6부서 작업실에 가져다 놓을 수 있었다.

우리의 서비스는 모두에게 열려 있었다. 주문이 빗발쳤고 감당해야 할 작업량은 점점 늘었다. 파리, UGIF, 남부 지대, 런던에서까지 의뢰가 들어왔다. 이미 한계까지 밀어붙인 상황이었지만 작업 속도를 늦출 수가 없었다. 때로는 한 주에만 500여 개의 신분증을 위조했다.

보통은 수달과 내가 연락책을 만나서 의뢰를 받아 왔다. 수달도 나처럼 아무것도 모르는 순진한 젊은이 같은 인상이었다. 그게 우리의 가장 좋은 위장이었다. 수달은 키가 작고 머리칼은 금갈색이었으며 얼굴에 주근깨가 많았다. 또 코는 작고 눈에는 장난기가 어려 있었다. 아기 인형 같은 동안童顔, 그야말로 '무사통과' 관상이었다. 그가 유대인 조직들과 가장 자주 접촉했다. 나는 MLN과 공산주의 조직들을 상대했다. 하지만 상황이 급박할 때는 꼭 그렇지만도 않았다. 일반적으로 연락책과 접선하는 장소는 번화한 파리 시내였고 저쪽에서 나오는 사람이 여성이면 더 좋았다. 데이트하는 연인처럼 보일 테니까. 나는 늘 먼저 도착해서 장미 한 송이를 손에 들고 기다렸다. '애인'과 나는 거리를 '거닐기' 시작하고 누군가 눈여겨본다 싶으면 어김없이 다정한 시선을 주고받았다. 그러고 나서 각자의 임무를 알고 나면 헤어져 제 갈 길을 갔다.

그날은 애인 연기를 할 여성이 아니라 마르크 아몽, 일명 '펭귄'이 약속 장소로 나왔다. 펭귄은 레지스탕스에 합류한 나를 이 부서에 배치한 사람으로, 역시 EIF 출신이었다.

    펭귄이 직접 나왔다? 조직에서 연락책으로 삼을 여성을 찾을 때까지 기다릴 수 없는 긴급 상항이라는 뜻이다. 약속 장소는 튈르리 공원이었다. 도착해 보니 펭귄은 이미 벤치에 앉아 기다리고 있었다. 여느 때보다 피곤하고 불안해 보였다. 내가 처음 만났을 때보다 살이 많이 빠진 것 같다고 말했더니 펭귄은 껄껄 웃더니 오히려 자기가 할 소리라고 했다. 그러고 나서 진지한 말투로 이렇게 전했다.

"어제 런던 라디오에서 몇 가지 희소식을 전해왔어. 독일군이 모든 전선에서 후퇴했고 이제 북아프리카의 모든 부대가 우리 편으로 넘어왔대. 문제는 나치 놈들이 인종청소에 박차를 가하려고 프랑스 전역에서 대대적인 소집을 준비하고 있다는 거야. 당장 사흘 후에 파리 일대에 흩어진 열 개 보육원이 동시에 털려. 명단을 가져왔어. 전부 다 필요해. 식량배급카드, 출생신고서, 세례증명서, 그리고 아이들을 데리고 국경을 넘어갈 어른들의 신분증, 임무지시서, 집단통행허가증까지."

"몇 명이나?"

"애들 말이야……? 300명이 넘어."

아이들이 300명이라면 이런저런 문서를 900개 넘게 만들어야 한다. 주어진 시간은 사흘뿐, 불가능한 일이다! 보통 한 번에 받는 의뢰는 하루에 서른 개에서 쉰 개, 혹은 그보다 조금 더 많은 수준이었다. 막막한 심정으로 도전에 나서는 게 처음은 아니지만 이 건은 정말 압도적이었다. 펭귄과 헤어진 후 처음으로 나는 이걸 해내지 못하면 어떡하나, 두려움에 휩싸였다. 그때까지는 중구난방으로 쌓은 지식과 노하우를 활용해 기술 문제를 해결할 방법을 기적처럼 찾아냈다. 문서들이 정교해질수록 변변찮은 장비와 기구로 위조가 불가능한 것을 위조하기 위해 발명을 하고 기발한 재주를 부려야 했다. 그런데 이 일은 '방법'이 아니라 '물량'의 문제였고 나는 이미 감당할 수 있는 최대 수량의 문서를 생산하고 있었다. 하루 24시간은 압축할 수 없고 안타깝지만 연장할 수도 없다. 오래 생각할 시간도 없었다. 일단 자코브 거리로 가서 종이부터 가공해야 했다. 문서의 종류에 따라 밀도가 높고 빳빳한 종이, 얇은 종이, 질감이 살아 있거나 그렇지 않은 종이를 사용해야 했다. 서둘러야 했다. 타이머가 작동하기 시작했다. 경기가 시작됐다! 시간과 싸우고 죽음과 싸우는 경기가.

펭귄을 만난 후 서류 가방을 들고 헐레벌떡 6부서로 달려가 보니 수달, 수지, 에르타가 자기 자리를 착실히 지키고 있었다. 하지만 수련도 와 있어서 놀랐다. 그동안 다른 임무를 맡은 이후 작업실에서 볼 일이 거의 없었기 때문이다. 다들 낭패한 표정으로 나를 바라보았다. 피신해야 할 아이가 300명이라는 소식을 이미 전해 들었던 것이다. 수련이 돌아온 이유도 급한 대로 일손을 보태기 위해서였다. 하지만 설상가상으로, 수달이 MOI에서도 의뢰를 받았다고 했다. MOI 헝가리 지부에 급히 필요한 서류라고 했다. 모두의 시선이 나에게 쏠렸다. 그들은 우리 작업실이 정말로 이 일을 해낼 수 있느냐고, 눈으로 묻고 있었다.

   나는 새로 만든 위조문서가 담긴 상자를 내려놓고 상황에 걸맞은 어조로 바로 시작하라는 신호를 주었다.

   "애들이 먼저죠!" 수련이 거들었다.

우리는 즉시 벌집을 드나드는 벌처럼 바쁘게 움직였다. 수련은 재단기를 잡고 카드지를 잘랐고, 수지는 색을 입혔다. 에르타는 손글씨와 타자기를 이용해 문서의 공란을 채웠다. 평소 제작 공정에 참여하지 않고 행정 업무를 전담했던 수달만 당황해서 쩔쩔맸다.

"도와줄 거지? 스탬프 찍고 서명 좀 해줘."

수달은 곧바로 일에 착수했고 나는 손수 만든 작은 롤러로 종이를 오래 묵은 것처럼 보이게 하는 작업에 몰두했다. 롤러 안에 흙먼지와 연필심을 넣고 돌려주면 종이가 적당히 때를 타고 너절해져서 인쇄소에서 갓 나온 종이처럼 보이지 않았다. 화학용품 냄새가 점점 더 강하게 올라오면서 땀 냄새와 뒤섞였다. 썰고, 자르고, 찍고, 색을 입히고, 타자를 치며 숨가쁘게 일했고, 임시 공장은 착착 돌아갔다. 일을 마치면 그림 뒤와 이중 서랍에 작업물을 숨겨두었다. 사실은 우리가 해낼 확률이 아주 낮다는 사실을 모두 알았지만 아무도 그런 말은 입 밖에 내지 않았다. 모든 것은 우리 의지에 달렸다. 어쨌든 낙관적인 태도는 우리의 전 재산이자 앞으로 나아갈 수 있는 유일한 수단이었다.

밤이 되자 모두 집으로 돌아갔다. 나는 자코브 거리의 또 다른 작업실로 향했다. 내가 어떻게 잠을 잘 수 있겠는가? 오늘 하루가 다 갔건만, 수련이 지원군 노릇을 하고 수달도 일손을 거들었건만, 아이들에게 필요한 문서는 4분의 1도 완성하지 못했다. 무엇보다 참을 수 없었던 것은, 죽을힘을 다해 아이들 문서 작업은 어떻게 해낸다 치더라도 MOI 헝가리 사람들은 희생시킬 수밖에 없는 현실이었다.

나는 깨어 있다. 깨어 있을 수 있는 한. 이건 잠과의 싸움이다. 계산은 간단하다. 한 시간에 위조 신분증 서른 개를 만들어야 한다. 내가 한 시간 잠들면 서른 명이 목숨을 잃는다……

꼬박 이틀 밤을 새우면서 현미경을 들여다봤더니―아무리 일해도 끝이 날 것 같지 않았다―가장 무서운 적은 피로라는 결론이 나왔다. 손을 떨면 안 되기 때문에 숨을 참았다. 문서위조는 금은세공에 견줄 만큼 섬세한 작업이다. 나는 무엇보다 기술적인 실수, 작은 오류, 아무리 미미하다 해도 놓치는 부분이 있을까 봐 두려웠다. 순간의 방심도 치명적이었고 문서 한장 한장에 한 사람의 생사가 달려 있었다. 나는 완성된 문서들을 검사하고 또 검사했다. 전부 완벽했다. 그래도 의심을 떨칠 수 없었다. 그래서 한 번 더 검사를 했다. 긴장이 풀렸다. 그러다 나도 모르게 깜박 졸고 말았다. 나는 잠을 떨쳐내려고 벌떡 일어나 방 안을 걷고 손바닥으로 내 뺨을 연달아 갈겼다. 그리고 다시 자리에 앉았다. 한 시간이면 서른 명을 살릴 수 있다! 내겐 포기할 권리가 없다. 문서가 선명하게 보이지 않아서 눈을 끔뻑거리고 비벼대기를 거듭했다. 인쇄가 흐리게 나왔나, 방이 어두워서 잘 안 보이나?

다음 날도 생페르 거리의 작업실은 정신없이 돌아갔다. 결승선이 멀지 않았다. 그날 오후 5시에 수달과 수련은 완성품을 들고 나갔다. 우리가 할 수 있었던 최선, 사흘간 악착같이 일한 결과물이었다. 그날 아침에 이미 800개가 넘는 완성품이 나왔고 나도 서서히 자신이 생겼다. 로봇처럼 똑같은 동작을 정신없이 반복하다 보니 어느 때보다 손이 빠르고 날랬으며 쉴 틈도 없었다. 먼지투성이 옷에선 화학약품 냄새가 진동했고 구슬 같은 땀방울이 흘렀지만 그날의 공기에는 보이지 않는 무언가가 맴돌았다. 행복감! 우리는 더 힘을 내려고 큰 소리로 숫자를 헤아렸다. 810, 811, 812…… 타자기를 두드리는 탁탁탁 소리, 종이 재단기의 착착 소리, 스탬프 찍는 소리, 스테이플러의 찰칵찰칵 소리, 종이를 미는 롤러의 드르륵 소리가 리드미컬한 음악이 되어 우리를 이끌어주고 있었다.

소리의 회오리에 취해 있던 나의 눈앞이 갑자기 시커먼 막으로 뒤덮였다. 그리고 나서는 아무것도 안 보였다. 눈을 깜박이고, 비벼도 보고, 눈꺼풀을 더듬었다. 하지만 아무것도 안 보였다. 온통 시커멨다. 귀에서는 윙윙대는 이명만 들렸고, 손이 말을 안 들었다. 갑자기 내 몸이 내 것이 아니게 되었다.

내가 바닥에 쓰러졌을 때 굉장히 큰 소리가 났던 모양이다. 정신을 차려 보니 머리가 마룻바닥에 놓여 있었고 눈앞에는 시커먼 반점들밖에 보이지 않았다. 수련이 지척에 사는 연락책의 집으로 나를 옮기고 보살펴달라고 부탁했다. 나는 나 없이도 시간 안에 임무를 완수할 수 있을지 너무 걱정이 되어 한 시간만 있다가 깨워달라고 했다. 그때 수련이 했던 말을 기억한다. 내 안에 다인들의 삶에 대한 책임감을 깊이 뿌리내리게 한 말을.
"우리는 위조 전문가가 필요해, 아돌포. 송장이 하나 더 필요한 게 아니라고."

# 2

"위조 전문가는 어떻게 되는 거예요?"

"그걸 왜 묻니? 그런 일에 관심 있어?"
 위조 전문가는 어떻게 되느냐고? 내 생각엔…… 우연히 되는 것 같다. 아니, 완전한 우연은 아니다. 돌이켜 생각해보니 레지스탕스에 들어가기 몇 년 전부터 나도 모르게 필요한 지식을 차곡차곡 쌓았더랬다. 그다음에는 지식을 적용하기만 하면 됐다.
 전시에 수많은 청소년이 그랬듯 내 꿈도 레지스탕스에 들어가는 것이었다. 나는 무기를 들고 싸우지는 못할 평화주의자였지만 마키에서 무장투쟁을 하는 이들에게 한없는 존경심을 품었다. 초등학교 때부터 싸움이 났다 하면 나보다 힘도 세고 배짱도 좋은 동생이 나를 지켜줬다. 나는 우리 집에서 순하고 겁이 많고 사색적인 아이로 통했다. 화가가 되고 싶었지만 다들 "그걸로는 먹고살지 못한다"고 했다. 그런 상황이 아니었다면, 전쟁이 나지 않았다면, 나는 분명 더없이 평범하게 살았을 것이다. 아마도 염색업자, 기껏해야 화학자가 되지 않았을까.

나의 기술 교육은—그렇게 부를 수 있다면—노르망디의 비르로 이사 가면서 시작됐다. 열세 살 때의 일이다.

첫 번째 이사는 아니었다. 우리 가족의 사연은 당시 동유럽 출신 유대인 가정의 전형적 사례다. 우리는 삶의 터전을 몇 번이나, 주로 타의에 의해, 옮겨야 했다. 아버지와 어머니는 러시아인인데 1916년에 파리에서 처음 만났다고 한다. 어머니는 유대인 박해를 피해 "인권의 나라"로 건너왔다. 아버지는 프랑스에 온 이유를 말해준 적이 없지만 내가 알기로 분트Bund[7]에서 발행하는 신문의 식자공이었고 마르크스주의에 동조했으니 아버지에게 망명은 자연스러운 선택이었을 것이다. 1917년 볼셰비키가 혁명에 성공했을 때 프랑스 정부는 '빨갱이'로 간주되는 러시아 국민들을 즉각 추방했다. 아버지는 분트에서 일한 전력이 있어 추방자 명단에 올라 있었다. 제1차 세계대전이 한창이라 러시아로 돌아갈 수 없었기에 부모님은 아르헨티나로 떠났다. 우리 형제는 부에노스아이레스에서 태어났고 가족 모두 아르헨티나 국적을 취득했다. 부모님이 파리로 돌아가기로 결정했을 때 나는 다

---

7   러시아, 리투아니아, 폴란드의 유대인 노동총동맹.

섯 살도 되지 않았다.

1938년에 우리는 노르망디에 사는 레옹 외삼촌 집으로 갔다. 외삼촌은 어머니의 남동생으로 성격이 까다로웠다. 힘든 길을 '혼자 힘으로 헤쳐나갔고' 신경질적이고 괴팍해서 포악해 보일 정도였지만 실은 한없이 헌신적이고 선량한 사람이었다. 우리 가족이 프랑스로 돌아오는 비용을 내주고, 파리에서 우리 아버지 일자리를 찾아주고, 심지어 우리와 함께 살 집까지 마련한 사람이 바로 외삼촌이다. 외삼촌은 자식이 없었다. 집에서 웃을 일도 없고 시끌벅적할 일도 없어 서글펐던 걸까, 외삼촌은 언젠가 우리를 부르겠다는 희망을 품고 구조가 똑같은 집 두 채를 맞붙인 큰 집을 지었다. 1938년에 오스트리아가 독일에 합병되고 나치가 유대인을 쫓는다는 소문이 돌았다. 뿐만 아니라 전쟁이 터질 것 같은 분위기가 팽배했기에 재회는 앞당겨졌다. 확실히 수도인 파리는 우리 같은 유대계 외국인 가정에게 너무 위험했다. 실제로 전쟁 초기만 해도 비르는 안전했다. 외삼촌이 성실하게 평판을 쌓은 지역이다 보니 주민들도 우리를 살갑게 맞아주었다. 비르에서 레옹 외삼촌을 모르는 사람은 없었고 모두가 그를 존경했다. 외삼촌은 1914년 전쟁에 자원 입대해서 한쪽 폐를 잃은 상이용사였기 때문에 이미 프랑스 국적을 갖고 있었다.

당시 나는 내 인생의 유일한 졸업장인 초등학교 졸업장이 있었고 아직 일을 할 수 있는 연령이 아니었다. 그래서 만 열네 살이 될 때까지는 초등학교에 계속 다니기로 했다. 파리에서 온 아이라 다들 특별하게 봐주었다. 학교에 가면 남자애들이 선망의 눈길을 보냈다. 여자애들도 그랬다. 나는 아침마다 여자애들과 돌림노래를 부르면서 시골길을 걸어 학교에 갔다. 그중에서도 도라 오지에라는 수줍음을 많이 타는 여자애는 내 옆에 딱 붙어 다녔다. 나는 도라를 참 좋아했지만 그애 아버지와 마주치지 않으려고 조심했다. 도라의 아버지는 나이가 아주 많았는데 한쪽 다리가 의족이어서 볼 때마다 해적 선장이 연상됐다.

 나 말고도 초등학교를 이미 졸업한 남자애가 있었다. 브라간티는 활달하고 꾀가 많은 이탈리아 아이였는데 나하고는 금세 마음이 잘 맞았다. 마들린 교장 선생님은 이미 교육과정을 마친 우리가 학교생활을 지루해할까 봐 학교 조합을 만들고 기금을 운용해 신문을 만들어보라고 권했다. 우리는 헐값에 중고 인쇄기를 사고 지역 신문사와 인쇄소에서 닳아빠진 인쇄용 식자들을 입수했다. 그쪽에서도 잘 안 쓰는 물건으로 학교를 위해 선행을 할 기회였다. 그런 활동은 재미있고 돈도 되었다. 우리는 신문을 판 돈을 모아서 조합 기금으로 더 성능 좋은 장비를 마련했다. 브라간티와 나는 한 해 동안 조판의 기본 원리, 그림을 원하는 양만큼 찍어내는 방법, 판화 기술을 접했다. 나는 열세 살에 이미 인쇄술에 마음을 빼앗겼다.

나의 형 폴은 일을 할 수 있는 나이였으므로 부모님은 외삼촌의 은혜에 보답도 할 겸 시장에서 외삼촌이 하는 일을 거들게 했다. 외삼촌은 광장에서 모자나 양말 같은 물건을 팔았다. 문제는, 외삼촌은 누가 자기에게 대드는 꼴을 못 보는데 폴도 성격이 만만치 않았다는 것이다. 둘이 어찌나 싸워대는지 온 집안이 골머리를 앓았다. 엄마는 사태를 진정시키려고 이미 졸업도 했겠다, 성격도 고분고분한 나에게 학교를 그만두고 형이 하던 일을 맡으라고 했다. 장사가 성격에 맞지 않고 학교 신문 일에 한창 재미를 붙인 나로서는 청천벽력이었다. 게다가 외삼촌은 조수들이 일을 똑바로 못하면 엉덩이를 발로 걷어찰 정도로 다혈질이었다. 상사는 시간이 지나면 배우다 쳐도 남들 보는 데서 망신당하는 일은 적응이 안 됐다. 몇 주 동안 추운 데서 외삼촌에게 구박받으며 장사하던 나는 나이를 속이고 지역 공장에 취직했다. 소시에테 제네랄 엘레트리크는 프랑스 항공사에 항공기 계기판을 납품하는 회사였다. 나는 시장 일만 아니면 뭐든 할 각오였다. 그런데 막상 가보니 공장 일이 정말 좋았다. 공장 일이 뭐가 재밌겠냐고 콧방귀를 뀔지 모르지만 나에겐 신세계였고 내 인생의 중요한 만남들이 여기서 이루어졌다. 나는 어렸기 때문에 견습생으로 들어가 여자들과 함께 배선 부서에 배치되었다. 아, 그렇게 웃지 마시라. 실망하겠지만, 공장 여자들은 나보다 훨씬 나이가 많았으므로 로맨틱한 일은 일어나지 않았다. 하지만 나는 그들이 속내를 털어놓는 상대가 되었고 그런 역할을 진중하게 수행했다.

배운 것이 참 많다. 세실이라고, 스무 살 남짓한 귀여운 누나가 있었다. 장난을 잘 치고 재미있는 사람이었다. 그리고 담배를 피웠다. "네가 아직 남자가 아니니까 이런 말을 할 수 있는 거야. 나이가 많았으면 불편해서 못하지⋯⋯." 혹은 "뽀뽀해줘, 아돌포. 여기 입술에다. 하여간 애교라고는 눈곱만큼도 없다니까⋯⋯." 이렇게 말하고는 까르르 웃음을 터뜨렸다.

　남자도 몇 명 있었는데 그들과도 친해졌다. 시골 청년 자크, 북부 내륙 지방 출신으로 정치에 관심이 많았던 적갈색 머리의 장 바예르. 나는 특히 장에게 깊은 인상을 받았다. 그는 어머니를 때리는 술꾼 아버지에게 망치를 휘두른 죄로 감옥살이를 했다고 했다. 장은 티노 로시의 노래를 즐겨 불렀고 특히 코뮌의 노래, 혁명가를 잘 불렀다. 한마디로 반항적 인간이었다. 아직 자신감 있는 태도를 보이기 힘들었던 나는 장의 카리스마를 우러러보았다. 나는 공장에서 비로소 어른이 되었다고 생각했다. 웃지는 말기를. 내 모든 청춘은 거기서 보낸 몇 달에 녹아들어 있다. 나는 공장에서 정치를 발견했으며 난생처음 자유롭고 독립적인 인간으로 살았다. 공장이 나에게 그토록 중요한 이유다.

어느 날 그들이 왔다. 1940년 6월이었다. 집과 공장이 8킬로미터쯤 떨어져 있어서 출퇴근용 자전거를 한 대 샀다. 외삼촌의 성질을 받아주면서 일할 수가 없었던 폴도 나와 같은 공장에 취직했지만 부서는 달랐다. 최고 기록 속도를 내려고 주행에 집중하고 있었는데 비르의 도로에 그들이 나타났다. 전차들이, 방금 공장에서 나온 것 같은 전차들이 보였다. 광택 도는 군화를 신고 티끌 하나 없이 깔끔한 군복을 입은 군인들도 보였다. 전에 아버지가 군복조차 통일돼 있지 않고 몇몇은 철모조차 쓰지 않은 프랑스 병사들을 보고 한숨 쉬며 했던 말이 이해가 됐다. "이번엔 확실히 망조가 보이는구나. 이런 군대가 전쟁에서 이길 리 없다."

도로에는 나밖에 없었고 독일군은 맞은편에서 다가오고 있었다. 나는 바로 방향을 틀어 미친 듯이 페달을 밟았다. 독일군이 그렇게 가까이 와 있을 줄은 몰랐다. 위협은 한참 먼 일인 줄 알았다. 하지만 선전포고와 더불어 독일군이 밀려오기 전에 피난민 수백 명이 자기네 재산을 이고 지고 내려왔었다. 벨기에와 프랑스 북부에서 내려온 사람들. 심지어 우리 가족도 그들을 며칠 재워주었고, 몇 번이나 폭격을 당하면서 끝이 안 보이는 길을 걷고 또 걸었다는 이야기도 들었다. 며칠 후 그들은 더 먼 곳으로 떠났다. 그런데 우리는 꼼짝하지 않았다. 레옹 외삼촌은 짐을 다 싸서 트럭에 싣고 떠날 준비를 했지만 막판에 마음을 바꿨다. 피난을 조금 미뤄도 된다고 생각했던 것이다. 전쟁이 이렇게 단단히 뿌리내리고 오래갈 거라는 생각은 아무도 하고 싶지 않았다.

공장은 독일군이 나타나자 문을 닫았다가 얼마 후 조업을 재개했다. 그때부터는 독일 항공기에 들어갈 부품을 만들어야 했고 유대인은 고용하지 않았다. 우리 공장에 유대인은 나와 내 형뿐이었다. 우리는 공장에서 퇴출당했다. 공장 사람들이 출입문까지 나와서 마지막 인사를 할 때 작업대 너머에서 이렇게 외치는 소리가 들렸다.

"응답하라, 응답하라, 여기는 런던, 파리 라디오가 거짓말을 했다!"

장 바예르의 목소리였다. 내 친구는 자기 방식대로 우리에게 연대를 표하고 있었다. 여자들이 박수를 치고 몇몇은 항의 표시로 휘파람을 불었다. 하지만 작업반장들이 재빨리 소동을 진정시켰다. 세실 누나의 눈에 눈물이 고여 있었다. 전쟁이 비르에 들이닥친 직후의 일이었다.

시장으로 돌아가고 싶지 않았던 나는 염색업자 부스마르 씨가 견습생을 뽑는다는 공고를 보고 바로 지원했다. 부스마르 씨는 화공 기사였고 군대에서 하사로 복무했으나 건강상의 이유로 제대했다. 그는 전쟁 포로였던 자기 조수를 대신할 사람이 필요했기 때문에 나를 채용했다. 처음에는 내가 너무 어리다며 보일러 점화 정도만 맡겼지만 금세 일을 더 많이 주었다. 모든 물자가 부족하던 시절이라 염색용 의류를 적당한 가격에 들여오기가 어려워졌다. 우리가 제일 자주 했던 일은 1914년 전쟁 때 지급된 군복과 군용 외투를 카키색에서 밤색으로, 감청색에서 검정색으로 염색해 사복으로 만드는 것이었다. 염색 일은 무척 고되었는데 특히 겨울에 힘들었다. 가만히 있어도 추운 날씨에 강물에 손을 담가 옷을 빨고 헹궈야 했으니까. 입고 있는 옷이 젖었다가 얼어붙고 손끝이 떨어져 나갈 것처럼 아렸다. 그래도 월급이 나오니 좋았고, 무엇보다 처음으로 화학 실험을 할 수 있어서 정말 좋았다. 큰 통에 물을 받아 염색제를 풀고 옷가지를 담글 때는 물이 시커멓다. 그런데 옷이 검정색으로 잘 물들고 나면 통 속의 물이 다시 맑아지는 게 아닌가! 어찌나 신기하던지, 나는 거기서 실험의 아이디어를 얻었다. 염색제가 전부 옷감에 고정되면 물에 남지 않는다. "물 색깔을 보면 염색이 잘됐는지를 알 수 있지." 부스마르 씨가 설명했다. 나는 너무 신기해서 부스마르 씨에게 염색제 견본을 조금 얻어서 우리 집에 뒹구는 자투리 천에 대고 실험을 했다. 아버지가 집에서 재봉 일을 하고 있었기 때문에 그런 천 조각은 얼마든지 있었다. 매일 통 속의 옷감을 휘저을 때마다 새로운 의문이 생겼고 저녁마다 의문을 풀기 위해 몰래 실험을 했다. 나는 결국 나의 길을 찾았다. 화학에 대한 나의 관심과 열정에 부스마르 씨는 재미있어했다.

"지금까지 일했던 친구들은 제 일만 잘하면 된다고 생각하던데 네가 들어온 다음부터는 내가 입을 다물 틈이 없구나." 그는 투덜거렸다.

비록 무뚝뚝했지만 누군가 자기 일에 진심으로 관심을 보이니 부스마르 씨는 으쓱할 수밖에 없었다. 그는 마치 요리법을 알려주듯 화학을 가르쳐주었다. 부스마르 씨와 함께하면 모든 일이 수월했다. 그러니까 내가 처음에 잉크 지우는 법을 연구한 이유도 어디까지나 염색공으로서 옷에 묻은 얼룩을 제거하는 일에 관심이 있었기 때문이다.

나는 끈기 있게 올바른 방법을 찾으면 뭐든지 할 수 있음을 깨달았다. 그리고 금세 입증해 보였다. 앞에서도 말했지만 지워지지 않는다는 잉크도 결국은 다 지울 수 있었다. 그때부터 까다로운 주문, 해결이 불가능한 주문은 다 나에게 넘어왔다. 인근 도시에서도 얼룩이 묻은 영성체용 레이스 장갑, 실크 웨딩드레스를 들고 왔다. 도저히 손쓸 수 없는 하자야말로 나의 전담 영역이었다.

열정적인 화학 초심자가 거듭 부딪힌 문제는 손상된 소재를 관리하는 일이었다. 화학 실험을 처음 시작할 때는 우리 집 부엌에서 어머니의 냄비나 주방세제를 썼다. 그러나 몇 차례 불상사, 특히 가벼운 폭발이 화재로 이어질 뻔한 일이 있고 나서는 화학용품 사용을 금지당했다.

나는 뭐든지 뚝딱뚝딱 만들어내는 데다 외삼촌이 어려운 일을 부탁하는 해결사였기 때문에 외삼촌이 방치한 옛날 집을 실험실로 써도 좋다는 허락을 받아낼 수 있었다.

나는 매일 자전거를 타고 지나다니면서도 약국에 관심을 두지 않았다. 그런데 어느 날 진열창에서 새로운 것을 발견했다. 바로 화학 실험 도구 세트였다. 동그란 플라스크, 깔때기, 비그럭스 도관, 냉각용 나선관까지 그야말로 보물상자가 따로 없었다. 나는 감히 가격을 물어보지도 못했다. 며칠 동안 약국 앞을 왔다 갔다

했는데 실험 도구는 그대로 있었다. 일주일이 지나고서야 약국에 들어갈 결심이 섰다. 약사 브랑쿠르 씨가 휘파람을 불며 약상자들을 정리하고 있었다.

"무슨 일이니?" 그는 실험 도구에서 눈을 떼지 못하는 나를 바라보면서 물었다.

"어…… 아무것도 아니에요. 아니, 실은 저 실험 도구 가격을 알고 싶어서요."

"저걸로 뭐 하려고?"

"화학을 할 거예요."

"어떤 화학?"

"전부 다요. 실험을 하고 싶어요. 지금 염색업장에서 일하는데 잉크 얼룩을 빼는 실험을 많이 해봤어요. 이제 더 본격적으로 공부하고 싶어요."

브랑쿠르 씨는 가격을 알려주지 않았다. 대신, 도구들을 사용하는 방법을 직접 보여주고 내 능력으로는 살 수 없을 구리 업라이트 현미경도 보여주었다. 도구 하나하나에 눈이 휘둥그레지는 내 모습이 측은해 보였나 보다. 우리는 화학 이야기도 나누었다. 브랑쿠르 씨는 매우 유식했다. 약학으로 박사학위도 받은 분이었다.

"한 개씩 따로 살 수는 없나요?" 내가 용기를 내서 물었다.

"정 원한다면 팔지 않고 그냥 두마. 돈이 생기면 다시 오렴."

나는 월급을 한푼도 쓰지 않고 모은 끝에 실험 도구를 하나씩 사서 외삼촌의 옛날 집에 들여놓았다. 브랑쿠르 씨는 90퍼센트 할인해서 팔았을 뿐 아니라 심지어 업라이트 현미경을 선물로 주었다. 나는 시간 날 때마다 화학 공식으로 도배된 책을 붙들고 살았다. 비르 벼룩시장에서 화학의 아버지 중 하나로 손꼽히는 마르슬랭 베르텔로Marcelin Berthelot의 논문 초판본도 구했다. 나는 구할 수 있는 것이라면 뭐든 다 집어삼켰다. 심지어 《르뷔 데 쇼미에르》[8]의 실용적인 조언들도 그냥 넘기지 않았다. 이 책을 보며 할머니들의 지혜에 얼마나 감탄했던가!

나는 배움을 넓히기 위해 버터 제조업을 하는 화학자의 일을 도왔다. 일주일에 한 번, 일을 한 대가로 화학 이론 수업을 들었고 버터 한 상자를 받았다. 유크림을 파는 낙농업자들은 유지방 함량에 비례해 돈을 받았다. 유크림의 중량은 중시하지 않고 유지방 함량만 따졌다. 그래야 유크림에 물을 섞어 양을 늘리는 사기를 당하지 않았다. 우리가 하는 일은 그리 어렵지 않았다. 유크림 견본에 메틸렌블루를 떨어뜨리고 젖산에 의해 색이 사라지는 시간을 계산하면 유지방 함량을 알 수 있었다. 그런 노하우가 뭐 그리 대단한가? 나 역시 대수롭게 여기지 않았다. 하지만 이 노하우 덕분에 훗날 레지스탕스에 발탁될 거라고는 꿈에도 생각하지 못했다.

---

[8] 시골의 민박집과 식당 리뷰 잡지.(옮긴이)

독일군이 들이닥치고 나는 공장에서 쫓겨났지만 일상이 크게 바뀌진 않았다. 분명히 전쟁 중이었지만 우리에게 미치지 않고 저만치서 벌어지는 일 같았다. 비르에서는 전투가 벌어지지 않았다. 독일군은 별일 아닌 양 마을에 들어와 예의 바르게 행동했고 물건을 사면 군말 없이 제값을 냈다. 장사치들은 쾌재를 불렀다.

물론 비시 정부의 초기 법안은 이미 나와 있었다. 우리는 이제 우체국 계정이나 저축 통장을 가질 수 없었다. 1940년 10월 3일 법령에 따라 모든 유대인은 경찰서에 출두해 신원 등록을 해야 했다. 아버지와 함께 경찰서에 간 날이 기억난다. 외삼촌의 평판이 워낙 좋아 우리 식구도 지역에서 아는 사람은 다 알았다. 경찰서 직원은 아버지에게 우리는 아르헨티나 국적이기 때문에 유대인으로 신고할 필요가 없다고 설명했다. 하지만 아버지는 프랑스 시민으로서 져야 할 의무를 완벽하게 이행하기를 원했다. 나는 경찰서 직원이 우리 신상을 얼른 등록하려 하지 않고 그냥 돌려보내고 싶어 하는 느낌을 받았다. 하지만 소용없었다. 직원은 마지못해 우리의 성, 이름, 생년월일, 주소를 받아 적었다. 며칠 후, 길에서 이 직원을 우연히 마주쳤다. 그는 친근하게 미소 지으면서 말했다.

"카민스키 씨 서류를 어디 뒀는지 모르겠네요. 우리 집 난롯불에 들어갔나."

"내일 가서 다시 등록하겠소."

"의무도 아닌데 그러지 마세요!"

"아뇨, 아닙니다, 내일 봅시다."

아버지는 기어이 다시 등록을 했다. 하지만 가슴에 별을 다는 문제를 두고는 그렇게까지 양심을 지키려 애쓰지 않았다. "국적을 이용해 피할 수 있다면 피하자꾸나."

결국 우리에게 날벼락이 떨어졌다. 시내에서 유곽을 운영하는 드무아 부부가 일요일에 독일군 장교를 대동하고 찾아왔다. 그들은 우리 집을 '방문'하고 싶다고 했다. 으리으리한 새집을 자랑스럽게 여겼던 외삼촌은 마다하지 않았다. 그들은 위층으로 올라갔고, 이내 고함 소리가 들렸다. 나는 레옹 외삼촌이 계단 위에서 독일군 장교의 엉덩이를 걷어차는 장면을 목격했다. 장교는 괴성을 지르며 계단에서 굴렀다. 외삼촌의 발길질 버릇은 누구보다 내가 잘 알았다. 드무아 씨나 아내가 그런 일을 당했다면 웃어 넘겼겠지만 이번에는 바로 얼어붙었다. 외삼촌이 문간에서 호통을 쳤다.

"내 집을 유곽으로 쓰겠다고? 절대로 안 돼!"

앙갚음을 당할까 봐 우리는 노심초사했다. 하지만 한 달이 다 가도록 아무 일도 일어나지 않았다. 그러던 어느 날 저녁 헌병 두 명이 허겁지겁 달려왔다. 외삼촌과는 오랜 친구 사이였다. 일부러 사복 차림으로 찾아온 것만 봐도 사태가 심상치 않음을 알 수 있었다.

"키키, 내일 아침에 널 체포하러 와야 해. 빨리 도망쳐."

"어디로?"

"어디든지, 멀리 가."

외삼촌은 생필품도 제대로 못 챙기고 가장 빨리 탈 수 있는 파리행 기차에 몸을 실었다.

몇 주 후에 예의 헌병들이 다시 우리를 보러 왔다. 그들은 어머니가 우체국에서 외삼촌에게 부친 편지를 게슈타포가 중간에서 가로챘다고 알려주었다. 외삼촌의 파리 주소가 발각된 것이다. 여러분이 어떻게 생각할지 안다. 아무리 물정을 몰라도 그렇지, 어떻게 그런 판국에 편지를 보낼 생각을 해? 나 역시 지금도 설명할 수가 없다. 다들 정신을 못 차렸던 것 같다.

우리는 전화기가 없었다. 어머니가 너무 늦기 전에 손을 쓰려고 직접 기차를 타고 파리로 갔다. "금방 다녀올게, 잘 있어, 애들아." 삶은 다시 흘러갔지만 일상에는 사소한 문제들이 늘어갔다. 물자가 부족했다. 어디를 가도 물건을 구할 수 없었다. 생필품조차 구하기가 너무 어려웠다. 나는 실험실에서 탄산소다로 비누를 만들고 파라핀과 왁스광택제로 양초를 만들었다. 특히 양초는 전기가 자주 끊겼기 때문에 찾는 사람이 많았다. 약국을 운영하는 브랑쿠르 씨가 나에게 일대에 창궐하고 있던 옴을 없애는 비누를 자주 주문해주었다. 플레르의 납품업자 한 사람도 자기가 다 팔지 못한 물건을 넘겨주었다. 덕분에 내가 만든 것들을 돈을 받지 않고 나눠줄 수 있었다. 하루는 그가 산화철이 섞여서 식용으로 쓸 수 없는 소금을 몇 킬로그램이나 주었다. 다들 정제 소금이 없어서 난리였다. 나치는 농부들이 돼지고기를 독일에 보내지 않고 몰래 소금에 절여 감춰놓을까 봐 소금 판매를 엄격히 통제했다. 나는 이 비식용 소금을 물에 녹여 여과했다. 소금보다 무거운 산화철은 밑으로 가라앉는다. 그러면 소금만 걷어서 결정이 생길 때까지 건조해 정제 소금을 얻어냈다. 정제하면 쓸 수 있는 소금이 꽤 많았기 때문에 인근 농가에 나눠주고 정제법도 알려주었다. 덕분에 비르 사람들은 몇 달이나마 다른 지역에 비해 굶주림을 덜 수 있었다.

나는 염색 일 말고도 하는 일이 많았기 때문에 집에 머무는 시간이 적었다. 어머니가 파리에서 돌아오지 않았으므로 일주일 뒤에 아버지와 형이 어머니를 찾으러 갔다. 두 사람이 이틀 후에 돌아와 그나마 안심했다. 어머니는 무슨 세균에 감염되어 파리의 한 병원에 입원해 있다 했다. 심각한 병은 아니라면서도 더 이상 아무 말도 하지 않았다. 그리고 며칠이 흘렀다.

내가 비누를 만들어 무료로 나눠준다는 소문이 온 도시에 퍼졌다. 여자들이, 특히 세제가 없어서 곤란해하던 시절이었다. 나는 자전거를 타고 이 집 저 집을 돌아다녔다. 그러다 반가운 친구 도라를 만났다. 가엾게도 학교를 그만두고 아버지 병간호를 하고 있다고 했다. 이제 무섭지 않은 그 영감님은 이미 병이 위중했다. 나는 비누를 나눠주면서 옛 동료들도 만났다. 시절이 가혹한데도 세실 누나는 여전히 명랑했다. 하지만 어느 날은 나를 맞으며 몹시 침울한 표정을 보였다.

"너 왔구나. 담배 한 대 줄까?"

"아니, 괜찮아. 나 담배 안 피우잖아."

"휴우…… 그래서 넌 아직 남자가 아니라는 거야. 오늘 피워보지그래. 나는 슬픈 날에는 담배가 더 당기더라."

"왜 슬픈데, 무슨 일 있어?"

"소식 못 들었어?"

"무슨 소식?"

"장 바예르, 공장에서 친했던."

"장이 왜?"

"총살당했어."

1940년이 다 지날 무렵, 비 내리는 겨울날이었다. 나는 다시 자전거에 올라 미친놈처럼 페달을 밟았다. 정처 없이 노르망디의 벌판을 가로질렀다. 장 바예르가 죽다니. 장은 전쟁이 내게서 맨 처음 앗아간 소중한 사람이었다. 그의 냉소적인 농담, 입가에 늘 물려 있던 담배꽁초, 거침없던 행동거지. 그를 너무나 닮고 싶었던 모든 순간이 눈앞에 스쳐 지나갔다. 나는 맞바람을 헤치고 페달을 밟았다. 요동치는 추억들로 정신이 혼미해진 가운데, 불현듯 최악의 사태가 일어났음을 깨달았다. 어머니는 돌아가신 것이다. 그냥 그렇게 알게 됐다. 내 뺨에서는 하염없이 눈물이 흘러내렸다. 장이 죽었다는 소식을 듣고 비로소 나는 눈을 떴다. 어머니가 무슨 병으로 그렇게 오래 입원을 한단 말인가? 아버지는 세

균 감염이라고만 했고 내내 입을 열지 않았다. 나는 어쩌면 그렇게 눈치가 없었을까? 열 살밖에 안 된 여동생 폴린만 엄마 걱정을 숨기지 않고 있었다.

집에 돌아와 아버지에게 단도직입적으로 물었다. 아버지도 더 이상 숨길 수 없었다. 철도 회사에서 철로에 쓰러져 있는 어머니의 시신을 찾았다고 했단다. 어머니는 파리에서 돌아오는 길이었다. 레옹 외삼촌을 늦기 전에 만났고 외삼촌은 무사히 도망쳤다. 폴은 아버지와 함께 시신을 확인하러 갔다. 그래서 두 사람은 파리에 다녀오는 데 이틀이나 걸렸던 것이다. 폴은 "머리와 몸이 떨어져 있고 뇌가 부서진" 시신을 보고 정신적 외상을 입었고 동생들에게는 아무 말 하지 말자고 했단다. 그래도 아버지는 우리에게 말했어야 하지 않나. 수사관들은 어머니가 달리는 기차 문을 화장실 문인 줄 알고 잘못 열었다가 떨어진 것 같다고 했다. 폴도 그렇게 믿고 싶어 했다. 형은 지금까지도 그렇다. 아버지는 파리의 변호사에게 진상 규명을 부탁했지만 그 역시 유대인이었기 때문에 얼마 지나지 않아 체포당해 강제수용소로 끌려갔다. 내가 보기에 수사관들의 가설은 말이 되지 않았다. 누가 뒤에서 밀었을 가능성이 더 컸다. 어머니는 살해당한 것이다.

"하지만 아무도 증명할 수 없잖아요?"

내가 기차 밖으로 통하는 문을 화장실 문으로 착각해서 열었다

떨어진 것 같다고 누가 말하면 너는 뭐라고 하겠니?

그래, 그렇고말고! 그럴 수밖에. 게다가 며칠 후 내 의심을 확증해주는 일이 일어났다. 독일군 사령부에서 공문을 보낸 것이다. 우리더러 외삼촌 집에서 나가라고 했다. 그들은 우리 집을 몰수해서 시청에서 정한 가격으로 드무아 부부에게 빌려주었다. 드무아 부부가 결국 복수를 한 것이다. 외삼촌의 저택은 독일군 장교를 위한 유곽이 되어 전쟁 내내 문전성시를 이루었다. 술맛 좋고 여자들도 괜찮고 가격도 싸다고 소문이 났다.

시청은 우리에게 역전 광장에 있는 어느 노부인의 집을 주거지로 배정했다. 노부인은 선택의 여지가 없었다. 나는 거의 매일 브랑쿠르 씨의 약국에 갔다. 어머니가 돌아가신 후로는 화학만 붙잡고 살았다. 내가 죽지 않고 살아 있는 단 하나의 이유는 화학 공부였다. 브랑쿠르 씨는 내 연구가 벽에 부딪힐 때마다 도와주었고 조언을 아끼지 않았다. 하지만 그게 다가 아니었다. 우리는 뭐든지 얘기할 수 있었고, 특히 전쟁 이야기를 많이 했다. 브랑쿠르 씨는 대단한 휴머니스트였고 내 이야기를 잘 들어주는 사람이었으며 차츰 정신적 아버지 같은 존재가 되었다.

1942년 여름에 런던 라디오가 처음으로 희망적인 소식을 전했다. 스탈린그라드 전투.[9] 독일군이 마침내 결정적인 패배를 당했다. 독일 수송대에 대한 방해 공작이 점점 심해지고 저항 조직들이 결성되고 있다는 얘기도 들었다. 점령군 당국은 이러한 공격에 대비하기 위해 도시의 모든 남성을 징발해 밤새 철로를 감시하게 했다. 습격 사건이 일어나면 그날 보초들을 총살형에 처했으니 조직적인 인질극이었던 셈이다. 나는 아직 징발될 나이가 아니었지만 아버지와 형을 대신해서 나갔다가 브랑쿠르 씨를 만났다. 정확히 어쩌다 그런 얘기가 나왔는지 모르지만 사실은 브랑쿠르 씨가 드골 장군이 이끄는 정보국 요원이고 약국은 신분을 위장하려고 운영한다는 것을 알았다. 그는 노르망디 구역에서 수송대 방해 공작을 하는 조직들과 연결되어 있었다. 나는 사랑하는 사람들이 속수무책으로 죽어가는 판에 눈물만 흘리고 싶지 않았고 브랑쿠르 씨는 내 심정을 알고 있었다. 어느 날 밤, 커피 대용품으로 졸음을 쫓으면서 철로를 감시하고 있는데 브랑쿠르 씨가 불쑥 이렇게 말했다.

"내가 방법을 가르쳐주면 비누보다 위험한 물건을 만들어볼래?"

감히 입 밖에 내지 못했을 뿐, 그런 제안을 해주기를 얼마나 고대했던가!

"잘 들어, 이건 까다로운 작업이야. 양을 아주 정확히 조절해야 해."

---

9   당시 소련의 스탈린그라드(현재 지명은 볼고그라드)를 둘러싼 공방전으로, 소련군이 독일군을 포위 섬멸해 2차대전의 전세를 뒤바꾸게 된다.(옮긴이)

그날부터 나는 비누, 양초, 소금 말고도 철로를 부식시키고 녹슬게 하는 위험물질과 소형 폭약을 만들었다. 방해 공작에 가담하면서 어머니와 친구 장의 죽음으로 인한 철저한 무력감에서 처음으로 벗어났다. 적어도 내가 복수는 하고 있는 것 같았다. 그리고 자부심도 느꼈다. 나는 레지스탕스의 일원이었다.

# 3

 1943년 여름, 독일군이 나를 체포하러 왔을 때 나는 동생 앙젤과 함께 염색 일을 하고 있었다. 내가 앙젤을 우리 업장에 끌어들인 터였다. 그들이 따라오라고 해서 우리는 덮개를 씌운 군용 트럭에 탔다. 나머지 가족도 이미 트럭에 타고 있었고 의족을 한 오지에 영감님과 도라도 거기에 있었다. 소집 대상은 그들이 전부였다. 비르에 남아 있는 유대인은 우리뿐이었던 것이다. 나는 아버지가 아무거나 안심되는 말을 해주기를 바랐지만 아버지는 아무 말도 할 수 없었다. 나도 다른 사람들처럼 행동했다. 저항은커녕 군말 한번 하지 않았다. 아무도 어디로 가느냐고 묻지 않았다. 그렇게 트럭을 타고 두 시간쯤 갔다.
 트럭이 마침내 멈추었고 우리는 캉의 유명한 모범 감옥인 라말라드러리에 수감되었다. 일곱 명 모두 10제곱미터 남짓한 방 한 칸에 들어갔다. 연로한 장애인인 오지에 영감님만 빼고, 나머지 사람들은 눕지도 못했다. 이틀간 간수도 오지 않았다. 당연히 우리는 먹지도 마시지도 못했다. 그들은 우리가 있다는 사실 자체를 잊은 듯했다.

짚단에 누워 있던 오지에 영감님이 입을 벌리고 앓는 소리를 내기 시작했다. 천장만 바라보고 있던 눈에서 눈물이 솟아나더니 주름골을 타고 흘러내렸다. 도라가 매달렸지만 영감님은 죽어가고 있었다. 신음 소리가 점점 더 크게, 숨 쉴 때마다 터져 나왔다. 나는 영감님과 고통을 나누려고 함께 숨을 들이마시고 내쉬었다. 아버지는 문을 주먹으로 두들기면서 사람이 죽어간다고 소리를 질렀다. 아버지가 그렇게 소란을 피우자 드디어 장교 한 명이 나타났다.

"이 영감님은 1914년 전쟁에서 독일 편에서 싸웠던 분입니다. 전쟁에서 한쪽 다리를 잃었어요. 당신들은 이 영감님을 감옥에서 죽게 하면 안 돼요!"

장교는 대꾸도 하지 않고 가버렸다. 오지에 영감님이 우리 아버지에게 카디시Kaddish를 미리 낭송해달라고 했다. 나는 자리에서 일어나 죽은 이들을 위한 기도를 읊조리는 아버지 모습을 보았다. 그때 처음으로 기도를 들었다. 아버지가 기도문을 안다는 사실조차 몰랐다. 며칠이나 계속된 침묵을 깨뜨린 아버지의 기도는 특별한 의미로 다가왔다. 나는 감옥은 중간 단계에 불과하고 끝에는 수용소가, 아마도 죽음이 기다리고 있음을 깨달았다. 아버지는 일어나 기도문을 낭송하기 전에 우리 한 사람 한 사람과 눈을 맞추었다. 그날 내 아버지 살로몽은 우리 모두를 위해서 기도했다.

오지에 영감님은 풀려났지만 도라는 풀려나지 못했다. 아버지는 영감님에게 도라를 딸처럼 보살피고 가족으로 삼아 절대로 고아 소리를 듣지 않게 하겠노라 약속했다. 다음 날 우리는 지역의 다른 유대인 포로들과 함께 기차에 올랐다. 버스가 짐짝 부리듯 사람들을 내려놓자 군인들은 등을 떠밀어 기차에 실었다. 모든 계급, 모든 연령대의 유대인 수백 명이 기차에 실렸고 그런 북새통 속에서 벌써 드랑시라는 이름이 떠오르고 있었다. 폴은 기차 안에서 아무나 닥치는 대로 붙잡고 물었다.

"혹시 종이 있어요? 종이 가지신 분 없나요? 펜은요?"

어떤 사람은 집에서 바로 끌려오면서 가방을 들고 올 수 있었다. 형은 원하던 물건을 찾아서 우리 곁으로 돌아왔다.

"뭘 하려고?"

"아르헨티나 영사관에 편지를 쓸 거야?"

"뭐 하러?"

"좀 봐. 다들 가슴에 별을 달고 있어. 우린 아니잖아. 우리를 위해 손을 쓸 수 있는 사람이 있다면 아르헨티나 영사뿐이야. 자국민을 보호해야 할 것 아니야."

형은 똑같은 편지를 몇 장이나 썼다. 그리고 아르헨티나 정부가 우리의 석방을 요청할 수 있도록 우리의 이름, 날짜, 목적지를 밝혔다. 열차가 출발했다. 폴은 편지들을 철로에서 일하는 사람들에게 나눠주었다. 차창에서 밖으로 던지기까지 했다. 이제 어느 선량한 영혼이 우표를 사서 편지를 부쳐주기를 바라는 수밖에 없었다.

드랑시 얘기를 해보련다. 철조망으로 포위된 성. 6층 건물들, 엄청나게 넓은 사각형 마당을 알파벳 유(U) 자 모양으로 둘러싸고 있는 미완성 상태의 둑. 문은 없었다. 창도 없었다. 칸막이도 없었다. 콘크리트 골조가 그대로 드러나 있었다. 우리를 추위와 시선에서 보호할 벽도 없는 감옥이라고 할까. 간수들과 우리 머리 위로 그림자를 드리우는 거대한 탑 말고는 지평선에 아무것도 보이지 않았다. 탑들은 독일군의 거처였다.

'외풍'의 성. 문자 그대로 바람이 씽씽 들어오는 건물이자 수용자들이 기차에 실려 밀려왔다가 밀려 나가는 곳이었다.

우리는 수천 명에 달했다. 한 방에 수용된 인원은 마흔 명이었다. 밤에는 남녀가 분리되었다. 개미굴이 따로 없었다. 거기 남는 사람은 아무도 없었다. 드랑시는 유대인을 분류해서 유럽 전역의 수용소로 다시 보내기 위해 일시 수용하는 장소였기 때문이다. 어떤 이들은 도착하기 무섭게 다시 떠나야 했다. 독일인들은 '노동수용소'라고도 불렀다. 노인과 두 살 남짓한 어린애가 노동하는 것을 본 적 있는가? 이제 전쟁 초기도 아니었다. 다들 벨디브 사건[10]에 대해서 들어 알고 있었다. 우리도 알았다시피 호송

대의 목적지는 전부 피치포이Pitchipoï[11]였다.

이송 전날이면 머리를 박박 깎인 사람들, 방에 침대가 모자라서 계단에 남아 있던 사람들이 울음을 터뜨려 온통 눈물바다를 이루었다. 정신병동이 따로 없었다. 그들의 울음소리를 들으면서 여성 구역에 있을 여동생 폴린과 친구 도라를 생각했다. 나는 밤새 그들이 진즉에 잠이 들었기를, 그래서 아무것도 모르기를 바랐다. 도라. 아버지가 오지에 영감님께 약속한 대로 우리는 도라를 가족으로 여겼다. 안타깝게도 이 입양은 우리 가족에게만 유효했다. 도라는 드랑시에 도착하자마자 이송 대상자를 수용하는 아래층으로 옮겨졌다. 아버지는 도라를 딸로 인정받으려고 최선을 다했고 수용소장 알로이스 브루너와 면담까지 했다. 하지만 도라의 국적은 프랑스였기 때문에 브루너 소장은 눈썹 하나 까딱하지 않았다. 소장이 이렇게 대답하니 아버지도 별 수 없었다.

"당신 말대로 당신이 그애와 떨어질 수 없다면 당신네 가족 전부 다음 기차를 타고 떠나는 수밖에 없소."

이 불길한 면담을 마치고 며칠이 지나 도라의 이름이 이송자 명단에 올랐다. 도라가 떠날 때 우리는 아무것도 할 수 없었다.

---

10  1942년 7월, 파리 지역의 유대인 1만 3000명이 체포되어 파리 15구의 동계 경륜장(약칭 '벨디브')에 수용되었다가 대부분이 아우슈비츠로 끌려간 사건. 당시 4000여 명의 유대계 프랑스인 어린이가 목숨을 잃었다.(옮긴이)
11  드랑시에서 유대인들이 죽음의 수용소를 가리킬 때 쓴 표현이다.

세월도 이 무거운 죄책감을 지워주지는 못했다. 지금 이 순간까지도.

다른 사람들도 떠났고, 우리는 남았다. 규칙에 따라 한 번에 1000명씩 떠났다. 수용소장 브루너는 숫자에 관한 한 대단히 꼼꼼했다. 인원 점검 때 사람이 비면 다른 사람을 데려와서라도 채웠다. 수용소는 사람으로 미어터졌다가 잠시 후에는 한산해졌고 새로 온 포로들로 다시 채워졌다. 어린애, 어른, 금발, 갈색 머리의 유대인들…… 드랑시에 와서야 내가 유대인에 대해 아무것도 모른다는 사실을 깨달았다. 비르에는 유대인이 거의 없었다. 우리 아버지의 고용주였던 레비 씨와 오지에 영감님 가족…… 또 몇 명 더 있었나 모르겠다. 선전 공작에 나선 나치는 유대인을 더없이 추악하게 그렸다. 그렇게 희화된 모습을 나 자신과 동일시할 수 없었지만 지역 주민들은 동조하는 듯했다. 나는 전쟁 내내 반유대주의 발언을 듣고도 무슨 뜻인지 모르고 그냥 넘겼다. 사람들은 이렇게 말했다.

"유대인들이 문제야. 머저리 같은 놈들."

"우리도 유대인이에요."

"아, 그렇지. 하지만 너희 가족은 다르지. 너희는 우리랑 똑같잖아. 하지만 다른 유대인은……"

다른 유대인이 어떤지 그들이 알기나 했을까? 나조차도 몰랐다. 드랑시에서 나는 다양한 유대인을 만났고 그들을 좋아했다.

더불어 나 자신도 좋아하게 됐다. 내가 유대인임을 실감했고 이후 결코 잊지 않았다.

나는 대수와 산수를 드랑시에서 배웠다. 유대인도 강단에 설 권리가 있을 때 에콜 폴리테크니크 교수였다는 노신사가 선생님이었다. 그는 매일 모든 시간을 나의 교육에 쏟았다. 나는 수학과 화학의 관계에 마음을 빼앗겼다. 뭐든지 알고 싶어서 열심히 받아 적고 밤새 달달 외워서 다음 날 바로 진도를 나갔다. 노신사 덕분에 수용소에서도 이론 공부를 계속 할 수 있었다. 내가 지식에 목말라 하자 노신사의 마음이 약해졌다. 당시 우리 둘 다 수업에 대해 이성으로 설명하기 힘든 근원적 욕구를 느낀 것 같다. 공부하는 시간에는 수용소라는 우리 삶의 조건을 잊을 수 있었으니까. 나는 노신사의 마지막 제자였다. 어느 날 우리가 만나기로 한 시간에 그가 나타나지 않았다. 떠난 것이다. 노신사는 자기 이름이 명단에 올랐다는 것을 끝까지 알리지 않았다. 힘겨운 이별을 건너뛰고 싶었으리라.

나의 정치의식도 충만해졌다. 공장에서는 장 바예르와, 비르에서 철로를 감시할 때는 브랑쿠르 씨와 시간 가는 줄 모르고 정치 토론에 임했는데 드랑시에서는 에르네스트 아펜젤레르가 토론 상대였다. 에르네스트는 아리안 인종의 우수성을 알리는 광고 포스터에 나와도 손색이 없을 만한 푸른 눈과 금발의 남성이었다. 나는 열일곱 살, 그는 열여덟 살이었다. 그는 자신이 착오로 체포당했다고 했다. 할례를 받았기 때문에 유대인으로 분류되었는데 이게 오해라나.

"할례는 받았지만 유대인은 아니야." 그는 이렇게 밝혀두었다.

에르네스트는 인종 문제에 정통한 독일과학위원회의 검사를 요구했다. 위원회는 자기를 아리안 인종으로 확인해줄 수밖에 없을 거라나. 에르네스트의 결연한 말투와 민활한 재치에 내 친구 장이 절로 생각났다.

"내가 유대인이라면 시온주의자가 될 거야." 에르네스트는 그런 말을 자주 했다.

나와 아버지는 유대인의 국가는 유토피아에 불과하다고 생각했다. 종교가 무에 중요한가. 저마다 삶의 터전을 집처럼 편안하게 느껴야 하지 않은가. 종교가 국가와 일치해야 할 이유는 없었다. 에르네스트와 얘기해보지 않은 주제는 없었다. 서로의 생각을 나누고 정치, 철학, 이상 등을 모두 이론화했다. 심지어 신학 이야기도 나누었는데 나는 아는 것이 없었으므로 주로 에르네스트가 말을 했다. 그는 유대인도 아니라면서 유대교에 해박한 지식을 가지고 있었다. 우리 둘은 또 다른 세상을 만들었다. 더 나은 세상을.

석 달 동안 경이롭고도 의미 있는 만남이 얼마나 많았던가! 친구를 여럿 사귀었지만 그들은 차례차례 기차에 실려 내 곁을 떠나갔다. 나는 무력했다. 나는 아르헨티나인이었기 때문에 수용소에서 노동을 할 권리가 있었다. 그래서 건물에 페인트칠하는 일을 했다. 내가 흰색으로 칠해야 할 벽에 이름, 날짜, 메시지가 쓰여 있었다. 그들이 죽기 전에 마지막으로 남겼을 글씨들을 지우고 싶지 않았다. 그래서 칠을 한 후에 쇳조각으로 원래 있던 메시지들을 다시 새기다가 현장에서 덜미를 잡혔다. 수용소 측은 내가 다시는 '어리석은 짓거리'를 하지 못하도록 세탁장으로 보냈다. 무슨 까닭인지 수용소장 브루너는 매일 수용소 시찰을 하다가 꼭 내 앞에 멈춰 서서 나를 눈여겨보았다. 브루너 앞에선 눈을 내리깔아야 했지만 나는 그러지 않았다. 그의 시선을 똑바로 받아냈다. 도라를 비롯한 모든 이들의 이름으로. 다들 죽으러 갔고 나만 남았으니 어찌되든 상관없었다. 이제 겁이 나지도 않았다. 나를 꿰뚫어 보는 듯한 브루너의 작고 검은 눈이 기억난다. 그는 하루도 빠짐없이, 당당하게 맞서는 나를 무시하듯 빤히 노려보다가 아무 말 없이 가버리곤 했다. 그가 왜 아무 말도 하지 않았는지는 모르겠다. 이해할 수 없었다. 어쩌면 아르헨티나 영사관에서 계속 우리의 석방을 요구했기 때문에 호기심을 품고 지켜보았는지도 모른다. 아니면, 단순히 내 이름이 (히틀러의 이름과 같은) 아돌포[12]였기 때문이었는지도.

---

12 아돌포와 아돌프는 뿌리가 같은 이름으로 아돌프는 독일과 북유럽에서, 아돌포는 스페인과 이탈리아에서 쓰인다.(옮긴이)

"드랑시에서 어떻게 나왔어요?"

폴의 편지가 우리를 구했다. 우리 가족은 석 달 이상 머물 수 없다는 수용소 규정에 따라 꼭 그만큼 머물렀다. 정부의 비겁한 외교 덕에 우리가 살았다고 할 수도 있다. 프랑스 정부는 아메리카의 강대국들과 척을 지지 않으면서 나치 독일과 맺은 경제 협약도 깨뜨리지 않으려다 보니 어설프게 중립을 취할 수밖에 없었다. 중립은 사실 존재하지 않는다. 아무 일 안 하고 아무 말도 안 하는 자도 공범이다.

 우리가 석방될 거라고 아버지가 말했을 때 나는 차라리 거부하고 싶은 심정이었다. 이 사람들을 다 죽게 내버려두고 우리만 나간다? 저들은 안 되는데 왜 우리만? 아버지는 내가 여기선 아무 소용이 없지만 밖에선 뭔가 할 일이 있을지 모른다고 설득했고…… 이 말을 듣자마자 브랑쿠르 씨와 비르에서 만들었던 폭약이 생각났다. 내 자리는 수용소 바깥에, 브랑쿠르 씨 곁에 있었다. 무슨 수를 써서라도 그리로 돌아가야 했다.

우리는 땡전 한푼 없이 파리로 왔다. 겉옷 안감 속에 드랑시 수용자들의 편지 수십 통을 숨겨서 나왔다. 반유대인법은 어느 도시보다 파리에서 맹위를 떨쳤다. 우리는 여전히 가슴에 별을 달지 않았지만 신분증에는 눈에 확 띄는 붉은색 스탬프가 찍혀 있었다. 우리는 호텔에 가지 못했고 노르망디로 돌아갈 수도 없었으며 먹을거리를 살 돈도 없었다. 자유는 고달팠다. 나는 1938년에 비르로 내려간 후 처음 파리에 돌아왔는데 그새 많은 것이 변해 있었다. 표지판은 프랑스어와 독일어로 적혀 있었다. 상점 진열창에는 '유대인 출입금지'라는 팻말이 걸려 있었다. 유대인을 매부리코에 귀가 크고 손톱이 길게 구부러진 인간으로 묘사한 포스터가 눈에 띄었다. 번쩍거리는 새 차를 몰고 다니는 독일 장교들의 모습은 초라하고 비참해진 파리의 풍경과 극명한 대조를 이루었다. 우리는 UGIF에 가보라는 말을 들었다. 정처 없이 떠돌았는데 통행금지 시각이 다가오니 달리 어쩔 도리가 없어 그들 말대로 했다. 지하철 막차, 유대인 전용인 3등칸을 탔다. 폴은 함께 가지 않겠다고 했다. UGIF가 운영하는 시설들이 함정이라고 예감했던 것이다. 형의 촉이 맞았다. UGIF는 나치에 협력하는 유대인들의 조직이었다.

 우리는 발드마른 슈아지 르루아에서 양로원으로 쓰였던 건물로 안내받아 밥을 먹고 돌봄을 받았다. 나는 드랑시에서 너무 야위고 무릎이 약해져서 두 발로 서 있기도 힘들었다. 기력을 조금 되찾아 화학책을 구하려고 센강의 헌책방들을 뒤졌다. 브랑쿠르 씨에게 지령을 받으러 가기 전에 더 강력한 폭약을 만드는 법을 알아내고 싶었다. 수용소에서 나오자마자 브랑쿠르 씨에게 내가 아직 살아 있다고 기별을 보낸 터였다. 아주 간결하게, 아무것도 약속하지 않고 그런 사실만 알렸다. 그리고—거기까지는 기대하지 못했는데—격려와 온정이 넘치는 장문의 답장을 받았다. 브랑쿠르 씨는 무슨 일이 있어도 자신은 항상 나를 도울 것이라고 했다. 나는 편지를 부적처럼 늘 간직하고 싶어서 베개 속에 넣고 잤다.

한 열흘쯤 지났을까, 아직 칠흑같이 어두운 새벽 4시에 자동차 소리를 들었다. 자동차 엔진 소리가 딱 내 방 창문 아래서 멈추었다. 경찰들의 발소리가 들렸다. 그들이 올라오기 전에 나는 브랑쿠르 씨의 편지를 입에 넣고 삼켜버렸다. 편지가 워낙 길어 전부 삼키진 못했지만 핵심은 목구멍으로 넘겼고 나머지는 변기에 넣고 물을 내렸다. 경찰이 들어와서 나에게 10분 줄 테니 떠날 준비를 하라고 했다. 나는 화학책들을 챙겼다. 아직 기력이 다 돌아오지 않았기 때문에 마법서처럼 묵직한 책들을 들기도 힘겨웠다. 경찰 한 명이 매우 정중하게 내 짐을 들어주었다. 나는 저 사람이 자기를 공격할 수단을 나 대신 들어주고 있다는 것은 모르겠지 하고 생각했다.

우리는 드랑시로 돌아갔다. '기시감' 혹은 '이미 겪은 일'이 안기는 지독한 괴로움이 엄습했다. 아버지가 이번에는 수용소에 도착하자마자 항의를 제기했다. 뭔가 혼란이 있었던 모양이다. 어떤 사람은 "맞아요, 저 사람들 체포하라고 했어요"라고 했고 또 다른 사람은 그렇지 않다고 했다. 결국 우리는 24시간 후에 석방되었다. 출구 앞에서, 경찰에 포위되어 드랑시로 들어가는 사람들 무리를 만났다. 아버지는 그들이 아르헨티나 유대인 특유의 이디시어[13]와 스페인어가 뒤섞인 언어를 쓰는 것을 알아챘다.

"어디 출신입니까?" 아버지가 물었다.

"우리는 아르헨티나 사람들입니다."

"하지만…… 외교 협정이 있는데 왜?"

"그건 끝났습니다. 이제 아르헨티나인도 체포됩니다."

우리는 바로 자리를 떴다. 독일-아르헨티나 협정이 깨졌다면 더 이상 우리를 막아줄 방패는 없었다. 우리의 생존은 프랑스 헌병대, SS, 드랑시 수용소 당국 사이의 소통 오류에서 빚어진 기적이었다. 거기서 몇 시간만 더 꾸물거렸어도 우린 죽었을 것이다.

그러나 우리는 여전히 갈 데가 없었다. 일단 18구 라마르크 거리의 또 다른 UGIF 시설에 들어갔다. 여차하면 곧 죽을 목숨, 숨을 곳을 찾아야 했다.

다음 날 아버지는 온종일 밖에 나갔다가 돌아와 가족회의를 소집했다.

"몇 년째 못 보고 살았던 옛날 친구를 보고 왔다. 러시아에서 살 때 분트에서 알았던 친구. 우리 가족은 흩어져야 해. 각자 살길을 찾아 떠나자."

"저도요?" 폴린이 떨리는 목소리로 물었다. 열세 살밖에 안 된 아이는 가족과 떨어져야 한다는 생각에 겁을 먹었다.

---

13  동유럽 유대인들이 쓰던 언어.(옮긴이)

"전부 다 다른 농장으로 갈 거야. 어디로, 어떻게 갈지는 아직 몰라. 일단 위조문서가 좀 필요해. 여권 사진을 준비하면 그쪽에서 가지러 온대. 아돌포, 너를 믿는다. 약속 장소에는 네가 나갈 거야. 그 사람 활동 명은 펭귄이래."

위조문서…… 준법정신을 교육받은 사람으로서 솔직히 고백하자면 서류를 위조하는 행위는 상상도 하지 못했다…….

몇 시간 후, 나는 약속 장소로 나갔고 지시한 대로 콜레주 드 프랑스 앞 몰리에르 동상 옆에서 책을 한 권 들고 서 있었다. 오가는 행인은 대부분 대학생이었는데 나에게 다가오는 사람은 아무도 없었다. 나는 주위를 두리번거리다가 문득 내가 생각하는 레지스탕스 대원 이미지에 가까운 청년과 눈이 마주쳤다. 왠지 모르지만 장 바예르를 닮은 사람을 상상했던 것 같다. 키가 크고, 자신감 있고, 행동에 거침이 없는 사람을.

"아돌포."

나는 뒤를 돌아보았다. 키가 작고 약간 땅딸막한, 짙은 색 곱슬머리 청년이 내 앞에 서 있었다. 그는 수상쩍게 보이지 않으려고 예전부터 알았던 사이처럼 덤덤하게 인사를 건넸다.

"펭귄?"

펭귄은 미행이 없는지 살핀 후 나를 콜레주 드 프랑스 안으로 데리고 들어갔다.

"사진 가져왔지?"

그는 걸음을 멈추지 않고 복도를 계속 걸어가면서 내가 건넨 사진을 얼른 주머니에 쑤셔 넣었다.

"서류에 본명 이니셜은 남기려고 해. 몇 년 생이지?"

"1925년생."

"26년생으로 한 살 줄일게. 그래야만 STO 징발을 피할 수 있어. 직업은 대학생으로 해둘게."

"아뇨, 그건 안 돼요! 일을 해야 먹고살죠."

"직업이 있어?"

"네, 염색 일을 해요."

그때 어떤 대학생이 바로 옆을 지나갔다. 펭귄의 말투가 확 바뀌었다.

"너 그 여자애 기억나? 뤼시엔! 걔를 우연히 다시 만났다는 거 아냐. 지금 법대 다니고 있는데 아직도 부모님하고 같이 산다더라……."

대학생이 멀어지자 펭귄이 원래 하던 얘기로 돌아왔다.

"염색 일을 한다고?"

"네, 그래요."

"가만있자, 그러면 잉크 얼룩을 지울 수 있어?"

"그럼요, 내 특기예요. 난 화학도 좀 해요."

"설마, 지워지지 않는 잉크도 지워?"

"그런 건 없어요. 결국은 다 지워져요."

다시 대학생들이 우리 옆으로 지나갔다. 펭귄은 주위를 살피고는 다시 딴소리를 하기 시작했다. 나랑 아는 사이인 아무개가 독감에 걸려서 내일 저녁을 같이 먹기로 한 약속을 못 지킬 것 같다나. 나도 눈치를 채고 맞장구를 치면서 이런저런 잡담을 주고받았다. 잠시 후 우리는 본론으로 돌아왔다.

"워터맨 블루 잉크가 문제야. 별의별 수를 다 써봤는데 지워지지 않아. 혹시 지우는 법 알아?"

"아뇨, 성분이 뭔지 분석을 해봐야 알죠."

"그건 내가 알아. 메틸렌블루야."

"그럼 간단해요. 환원제로 젖산을 써야 되겠네요."

"확실해?"

확실하냐고? 확실하다마다! 나는 비르에서 배운 유가공화학, 내가 탐독한 화학책, 의류의 얼룩 제거법, 비누, 양초, 심지어 폭약 이야기까지 했다. 펭귄은 나를 빤히 바라보더니 마침내 바라마지않던 질문을 던졌다.

"너, 우리랑 같이 일해보지 않을래?"

이틀 후 같은 시각, 같은 장소로 나오면 우리 가족의 위조 신분증을 받을 수 있다고 했다. 그때부터 나는 쥘리앵 아돌포 켈레르가 되었다. 앙젤과 폴린도 켈레르라는 성을 쓰게 됐고, 아버지는 조르주 베르네가 되었다. 우리는 모두 '순혈' 프랑스인이 되었다. 레지스탕스 정부가 우리를 프랑스인으로 '귀화'시킨 것이다.

근처에서 왔다 갔다 하는 사람이 너무 많았기 때문에 펭귄은 사촌누이가 결혼을 해야 하는데 애인이랑 헤어져서 어쩌구저쩌구…… 하여간 그런 얘기를 늘어놓았다. 나는 그가 일전에 했던 제안을 취소할까 봐 겁이 났다. 이틀간 너무 흥분해서 잠을 이루지 못했다. 펭귄은 헤어질 때가 다 되어서야 구세군에서 운영하는 청년의 집으로 거처를 옮기라고 하더니 이 말만 덧붙였다.
"우리 쪽에서 접촉할 거야."

사흘간, 과연 내가 입이 무거운 사람인지 알아보는 시험이 있었다. 청년의 집에서 지내는 의대생이 매일 저녁 나를 찾아왔다. 그는 매우 친절했다. 아니, 지나치게 친절했다고 해야 하나…… 그는 나에 대해서, 나의 기억과 가족에 대해서 오만가지 질문을 퍼부었다. 물론 나는 미리 정해둔 답변으로 일관했다. 내 이름은 쥘리앵 켈레르, 리옹에서 농부의 아들로 태어났고 현재 직업은 염색공, 그렇게만 말했다. 넷째 날 저녁에 의대생이 펭귄과 함께 나타났다. 펭귄은 나를 모베르 광장에 있는 호텔로 데려갔다. 두 남자가 평범한 호텔 객실에서 나를 기다리고 있었다. 두 사람 다 스물다섯 살이었고 각자 EIF 활동 명 '기린'과 '왜가리'로 자기를 소개했다. 그들은 나에게 질문을 하긴커녕 오히려…… 나에 대한 이야기를 했다. 이미 나를 조사했던 것이다. 심지어 우리 어머니의 의문사에 대해서도 알고 있었다. 기린은 나더러 책상 앞에 앉으라 하고는 공란 상태의 신분증과 거기에 채워 넣어야 할 개인정보가 적힌 종이를 내밀었다. 나는 초등교육만 마친 시청 말단 공무원 특유의 글씨체로 개인정보를 적어 넣기만 하면 되었다. 누구라도 할 수 있는 일로, 그저 입문 의식에 지나지 않았다. 하지만 어인 일인지 심하게 긴장되었다. 그게 나의 첫 번째 위조였다. 지금도 나는 단출한 방, 자그마한 스탠드가 놓여 있던 나무 책상 냄새, 펜과 잉크, 내 뒤에 서서 말없이 지켜보고 있던 펭귄, 기린, 왜가리가 잊히지 않는다. 나는 신분증에 토종 프랑스인 냄새가 물씬 풍기는 성명을 써넣고서 그들에게 내밀었다. 이제 막 첫 고비를 넘겼지만 이 순간이 위조범으로 살아갈 기나긴 생애의 시작인 줄은 꿈에도 모른 채.

# 4

1944년 3월. 팔레루아얄을 따라 걷다가 몽팡시에 호텔에 도착했지만 그렇게 숨이 차지는 않았다. 지하철을 이용하지 않게 된 후로 빨리 걷기에 익숙해져서 웬만하면 지치지 않았다. 호텔 접수대에서 랑베르 씨를 찾았다. 나이를 짐작할 수 없는 키 작은 여자가 이층의 객실 번호를 알려주었다. 처음 약속을 잡을 때부터 엄습했던 불안이 계단을 올라가는 동안 걷잡을 수 없이 커졌다. 만약 이게 함정이라면 나는 걸려들었다. 전시에는 일단 경계하고 보는 것이 최고의 생존술인 이상, 나는 복도를 한 번 돌아보고 여차하면 빠져나갈 출구가 어느 쪽인지 확인했다. 내가 서 있는 곳은 이층, 엘리베이터와 계단이 있고 복도에는 거리 쪽으로 나 있는 창문도 있다. 급히 도망쳐야 한다면 저 창문에서 뛰어내리는 것이 최선이리라. 재수가 없더라도 발목을 삐는 정도일 테지. 혹시나 해서 창문을 미리 열어둔다. 사람 일은 모르는 거다. 하늘은 위협적인 색을 띠고 있었다. 땅거미가 내려앉아 온 도시가 어슴푸레했다. 마지막으로 손목시계를 확인했다. 오후 5시. 약속 시각이다.

아까 수달이 작업실에 들렀다. 자크 퓔베르의 후임으로 우리 6부서를 이끌게 된 알베르 아케르베르를 만나고 온 참이었다. 펭귄은 내가 이름 한 번 들어본 적 없는 랑베르라는 사람을 몽팡시에 호텔에서 만나 이름을 기입하지 않은 위조 소집해제증명서 한 보따리를 전달하라고 지시했다. 나는 펭귄이 직접 가지 않는다는 사실에 놀랐다. 어쨌든 그런 일은 펭귄이 도맡았으니까. 랑베르라는 이름도 뭔가 의심스러웠다. 보통 연락책은 EIF 활동 명만 밝혔고 대부분 젊은 여자들이었다. 게다가 전혀 모르는 사람을 호텔로 찾아가서 만난다? 나의 편집증적인 본능이 깨어나기에는 충분한 상황이었다. 나는 항의했다.

"왜 직접 가지 않는데?"

"그쪽에서 널 만나고 싶대."

왜 나를 만나고 싶어 할까? 알 수 없었다. 내가 불안해하는 기색을 보이자 수달은 나를 안심시킬 필요가 있다고 판단한 것 같았다.

"걱정 마. 확실한 우리 편이니까."

하지만 수달도 더 이상은 말하지 않고 자기 공책을 들여다보기 바빴다. 그래서 나는 위조 증명서 보따리를 챙겨서 나왔다. 요즘은 늘 이렇다. 우리는 많은 말을 주고받지 않았다. 일단 지시가 내려왔는데 토를 다는 것은 있을 수 없는 일이었다.

18호실. 노크를 했다. 들어오라는, 부드러운 저음의 목소리. 부르주아 취향으로 꾸며진 호텔 스위트룸의 아담한 거실이 눈에 들어왔다. 내 앞에는 거북 등딱지 안경을 쓴, 이지적인 얼굴의 서른 살 남짓한 남자가 서 있었다.

"랑베르 씨?"

나는 근시가 심한 그의 눈에 어려 있는 경계심이 나 못지않음을 확인하고는 다소 차분해졌다. 이 사람이 나를 경계한다면 적어도 나를 체포하러 온 사람은 아닐 테니까.

상대의 얼굴은 차츰 긴장이 풀리는가 싶더니 어느새 편안해졌다. 아마도 내 몸집이 왜소했기 때문에, 아니면 사전에 들었던 나의 인상착의와 일치하기 때문일 것이다.

"내 이름은 모리스 카슈입니다." 그가 악수를 청하면서 허물없는 말투로 자기소개를 했다.

이 단어 하나로 나의 의심은 깨끗이 사라졌다. 카슈, 아는 이름이었다. 그는 레지스탕스통합운동(MUR) 남부 지역 위조문서 총책이었으니까. 그의 이름은 숱하게 들었지만 만나본 적은 없었다. 내가 알기로 그의 활동 거점은 니스였다. 게다가 우리는 기술 교환으로 맺어진 사이였다. 수달은 내가 새로 발견한 사항을 기록해 다른 작업실에 보내주었는데, 특히 그르노블과 니스가 주요한 교류 상대였다. 내가 주위들은 바로는, MLN이 설립된 후 카슈가 모든 조직의 위조문서 수요를 전국 차원에서 파악하고 일원화하는 책임을 맡았다. 그러니 어떤 면에서는 나의 최고위 상관이었다. 다른 사람을 거치지 않고 이렇게 직접, 게다가 카슈 본인의 요청으로 이루어진 만남이니 예삿일은 아니었다. 바로 그 순간, 이제 내가 큰물에서 노는구나 하고 깨달았다.

카슈가 키 낮은 탁자 주위의 의자를 가리키며 앉으라고 권했다. 나는 압도되지 않은 척, 최대한 긴장하지 않은 척하려 했다. 의자에 편히 앉은 순간, 살짝 열린 침실 문틈으로 누군가의 얼굴이 보였다. 그자는 우리를 바라보고는 냉큼 문 뒤로 숨어버렸다. 얼핏 실루엣만 보였다. 체격이 건장한 것으로 보아 경호원이 아닐까 싶었다. 한편 마주 앉은 카슈는 단도직입적으로 나를 불러들인 이유를 설명했다.

"자네 얘기 많이 들었어. 능력이 뛰어나다고."

나는 겸손과 자부심 사이에서 갈피를 못 잡고 화학과 염색 공부를 하면서 배운 것을 써먹었을 뿐이라고 더듬거렸다.

"보이지 않는 잉크에 대해서 알아? 비밀 편지에 쓰는?"

한 위조범이 다른 위조범에게 하는 질문치고는 뚱딴지같았다. 나는 물론 보이지 않는 잉크를 알았고, 심지어 여러 종을 꿰고 있었다. 하지만 이 주제에는 카슈가 더 조예가 깊은 듯했다. 그래서 나는 이 사람이 나를 시험하나 보다 생각하고 이에 응했다. 나는 종이 한 장에 보이지 않는 잉크 여섯 종의 화학식을 전부 썼다. 바로 그때, 방에 숨어 있던 덩치가 거실로 튀어나와 뒤쪽 벽에 딱 붙어 섰다. 나는 식을 쓰느라 고개도 들지 않았지만 그가 머리를 드는 방식이나 거침없는 행동거지가 왠지 낯설지 않은 느낌이 들었다. 뭐랄까, 경호원치고는 너무 귀족적이고 세련된, 내 취향에는 좀 오만하게 느껴지는 태도였다. 멋을 아는 사람 같긴 했지만 그런 식으로 초면에 내 행동을 내려다보는 것은 마음에 안 들었다.

나는 종이에 식을 쓰는 데 열중했다. 그자가 서서히 다가오는 느낌이 들었다. 고개를 들어보니 바로 옆에서 나를 향해 얼굴을 들이밀고 있었다.

"이름이 뭐지?" 그의 말투는 권위적이었다.

"쥘리앵."

"그래, 하지만 성은?"

"켈레르."

몇 초가 흘렀다. 화학식을 마저 쓰는데 도통 내 얼굴에서 떠나지 않는 사내의 집요한 눈길이 참기 힘들었다. 그는 더 가까이, 여차하면 코가 서로 닿을 만큼, 얼굴을 들이밀었다. 그는 나를 면밀히 뜯어보았다. 돋보기를 쓸 수 있다면 서슴지 않고 내 얼굴에 갖다 댔으리라. 나는 신경이 날카로워져서 자리를 박차고 일어날 뻔했다. 그런데 상대가 이렇게 외치지 않는가.

"아돌포 맞지?!"

심장이 철렁했다. 내 진짜 이름을 아는 사람은 작업실 동지들 말고는 아무도 없었다.

"아돌포 카민스키!" 한 술 더 떠 내 진짜 성까지 나왔다. 그의 얼굴이 충격에 휩싸여 있었다. "드랑시!"

나는 눈이 휘둥그레져서 그를 쳐다보았고 그제야 겨우 알아보았다.

"에르네스트 아펜젤레르!"

"그래, 나야!" 그가 흥분해서 탁자를 쿵쿵 쳤다. "네가 '기술자'였다니!"

에르네스트, 그렇다, 세상에 이런 일이! '할례를 받았지만 유대인은 아닌' 에르네스트, 드랑시에서 누더기를 걸치고 다녔던 친구가 이렇게 멀끔한 양복 차림 청년으로 변신하다니 어안이 벙벙했다. 나는 입을 떡 벌리고 에르네스트를 머리부터 발끝까지 훑어보았고 그는 커다란 몸집으로 부산을 떨며 흠집 난 레코드판처럼 "그래, 나야! 나라고!" 이 소리만 되풀이했다.

드랑시에 석 달간 잡혀 있다가 풀려난 사람은 나와 우리 가족뿐이었다. 에르네스트는 우리가 떠날 무렵에도 자신은 유대인이 아니라 했지만 본인의 주장, 금발과 푸른 눈 외에는 이렇다 할 증거가 없었다. 그러니 우리가 다시 만날 거라고는 상상도 못 했다.

"네가 6부서에 있어?"

"그래, 너는 MLN이고?"

"아니, 나는 OJC의 부속 단체 MJS에 있어." 그가 자랑스럽게 말했다.

OJC의 C, 즉 'combat(투쟁)'는 에르네스트가 좋아하던 단어였다. 에르네스트가 드랑시에서 자주 했던 말이 떠올랐다. "내가 유대인이라면 시온주의자가 될 거야." "내가 유대인이라면 무기를 들고 싸우겠어. 마키로 달려가 투쟁에 합류할 테야." 가슴에 별을 달아야 한다는 명령에 얌전히 순응했던 이들을 그가 얼마나 경멸했는지도 기억났다. 자기 발로 시청에 가서 유대인 명부에 등록하고 복종함으로써 목숨을 보전하리라 생각했던 사람들 말이다. 게다가 나와 내 아버지도 그들 중 하나가 아니었던가. 에르네스트는 유대인이 그토록 오랫동안 박해받은 이유는 그들이 이상적인 피해자이기 때문이라고, 싸우기 싫다고 체념하고 복종해버리는 태도 때문이라고 말하곤 했다.

그는 손가락을 튕겨 딱 소리를 내고는 서랍에서 제3제국 공식 문서 표식이 있는 서류를 꺼내며 짓궂은 미소를 지어 보였다.

"드랑시에서 나한테 깜박 속았지? 그들도 다 속았어. 과학위원회의 머저리들 말이야. 내가 이 서류를 들이밀었을 때 브루너의 표정이 어땠는지 너도 봤어야 했는데. 자, 봐."

그는 과학위원회에서 보낸 편지를 보여주었다. 심지어 저 유명한 몬탄돈 교수가 서명한 편지였다. 에르네스트는 모든 정밀 검사를 거쳐 아리안 인종임이 확인되었으며 포피가 없다는 사소한 문제가 있으나 이는 포경수술 때문이라는 내용이었다. 그렇다, 나는 꿈에도 몰랐다. 나도 다른 사람들처럼 포경수술 이야기를 철석같이 믿었었다. 그는 비상수단을 동원했던 것이다. 에르네스트의 이야기에서 가장 놀라운 대목은, 과학위원회의 검증을 받기 위해 출생증명서는 물론이고 세례증명서까지 첨부했다는 것이었다. 내가 6부서에서 누구에게 전달될지도 모른 채 위조했던 문서들을! 이제 우리는 특별한 무엇으로 이어져 있었다. 에르네스트와 나는 드랑시에서 머리를 박박 깎인 수천 명의 유대인을 보았고 밤마다 그들의 탄식을 들었다. 우리는 더욱 가까워졌다.

나는 에르네스트가 유대인일 뿐 아니라 오스트리아 랍비의 아들이라는 사실도 알았다. 그는 열세 살에 지하조직에 들어가 레지스탕스 투사로 살아왔다. 처음에는 소년 저격수로 활동했고 대범하고 침착한 태도를 인정받아 조직 내에서 빠르게 성장해 나치에 대한 테러 임무까지 맡게 되었다. 그는 프랑스 최고의 엘리트 요원 중 한 명으로 저격수 팀을 이끌며 암살 계획을 주도했다. 에르네스트는 조직의 '킬러'로서 밀고자들의 입막음 임무도 맡고 있었다.

"몇 명만 제거하면 그걸로 충분해." 그가 방아쇠를 당기는 시늉을 하면서 설명했다. "나머지는 같은 꼴 당하지 않으려고 알아서 입단속을 하거든."

에르네스트의 너털웃음이 서서히 사라지고 주위가 조용해졌다. 카슈는 우리의 떠들썩한 재회를 입을 떡 벌리고 구경하느라 보이지 않는 잉크고 뭐고 뒷전이었다. 우리는 진지한 얘기로 돌아왔다. 에르네스트는 이쪽 일은 잘 몰랐다. 재회의 흥분이 가라앉자 한쪽에 앉아 조용히 파이프를 빨고 연기를 내뿜으며 고리를 만들었다. 방음실 같은 호텔 스위트룸에서 카슈는 주로 기술 문제를 두고 질문을 했다. "인쇄된 워터마크를 어떻게 복제하는지 아나? 요철 스탬프는? 오래된 종이 특유의 색을 해치지 않으면서 잉크를 지우는 법은? 새 종이를 오래된 종이처럼 보이게 하는 법은?"

나는 다 할 수 있다고 대답했다. 심지어 정확한 방법은 모르면서도 안다고 했다. 어차피 불가능은 없으니 죽어라 매달리면 되겠지, 하는 마음이었다. 나는 언제나 해내지 않았던가.

나는 왜 이런 질문을 할까 궁금했다. 결국은 더 까다로운 의뢰를 하기 위해 밑밥을 까는구나 싶었다. 과연, 잠시 후 카슈는 말을 멈추고 깍지 낀 두 손으로 입을 막은 채 생각에 잠겼다.

"파리의 사진제판업자에게 문제가 생겼어. 지금까지 무리 없이 일을 맡아줬는데 얼마 전부터 작업이 너무 더딘 거야. 그러더니 이제 아예 못하겠다고 하네. 직원이 감시하고 있는 것 같대. 레지스탕스로서는 타격이 크지. 자네는 뭐든 해내는 사람이니 하는 말인데, 사진제판실도 꾸릴 수 있겠나?"

나는 사진제판 쪽은 까막눈이었지만 내가 빨리 배운다는 사실은 알고 있었다. 그래서 앞서 받은 모든 질문에 그랬듯 이번에도 할 수 있다고 했다. 다만 파리의 사진제판업자에게 잠시 일을 배우게 해달라는 조건을 내걸었다.

"나의 보좌관 르네 폴스키가 조율을 해줄 걸세."

그날 나는 평소처럼 급히 소집해제증명서를 인쇄해야 했을 뿐 아니라 사진제판실을 꾸리라는 지시까지 받았다. 카슈는 매우 흡족해하며 니스로 돌아갔을 것이다. 이후 니스와 파리를 오가다가 몇 달 후 완전히 파리에 정착했다. 우리는 몇 번 더 얼굴을 보았다.

나는 돌아오는 길에 센 강변에 들러 사진제판에 대한 책을 찾아봤다. 추위에 오돌오돌 떨던 헌책 장수에게 L.P. 클레르크의 『사진의 기술』 두 권을 샀다. 이 책은 내내 머리맡에서 떠나지 않았다.

다음 날 아침, 생드니 거리에 있는 구마르 씨의 사진제판실을 찾아갔다.

"내 사무실로 가지. 조용히 얘기하자고." 쉰 살쯤 되어 보이는 깐깐하고 삐쩍 마른 남자가 말했다.

작업실에서는 10여 명이 거대한 기계에 매달려 바쁘게 일하고 있었다. 진짜 공장 같았다. 아크등이 장착된 작업대, 부식통, 인그레이빙 탱크, 액체를 휘젓는 통, 잉크 롤러, (알갱이가 있거나 그렇지 않은) 아쿠아틴트. 이 모든 장비를 갖추어야 사진제판실을 꾸릴 수 있다면 카슈의 요청에 부응하기는 힘들지 싶었다.

구마르 씨는 나를 창문 없는 작은 방으로 데려가더니 문을 이중으로 잠갔다. "밑에서 일하는 놈들을 믿을 수가 없어." 그는 소리를 죽여 투덜거렸다. "쯧쯧! 빵 배급 조금 더 받겠다고 독일 놈들에게 영혼을 팔다니! 음, 어쨌든 자네, 사진제판업자가 되고 싶다는 거지? 이런 식으로는 안 된다네, 젊은이. 내가 에티엔 학교에서 학생들을 가르치는데 말이야. 걔들은 꼬박 3년을 공부한다네. 그다음에 다시 3년을 견습생으로 일하고. 사진제판 일을 모두 알고 익히려면 최소한 10년이 필요해. 자네가 한 16년 매달려 보겠다면, 뭐 어쨌든 사진제판업을 할 수 있을 테지. 그래서 나도 혹시나 했던 거고."

"사진제판을 업으로 삼을 생각은 없습니다. 단지…… 아시죠…… 몇 가지만 배워 가려고 해요. 가령 스탬프를 복제하는 일이라든가……"

"나는 이제 도울 수 없다고 분명히 말했네. 너무 위험한 일이야. 여기 직원들이 주시하고 있는 게 분명해. 내가 밤에 작업을 하면 다음 날까지 기계에 흔적이 남을 때가 있어. 그리고 배신자들은 도처에 널려 있지. 자네는 어느 조직이지, 켈레르?"

"MLN입니다."

"나는 시민군조직(OCM) 소속이었는데 그들이 사회주의와 결탁해 MLN으로 넘어왔다네. 사회주의자들이란, 휴…… 이 지경까지 왔는데 유대인들과 손잡지 못할 것도 없지!"

지금 구마르가 '유대인'이라고 하면서 바닥에 침 뱉는 시늉을 했나? 맞는 듯하다. 나는 그제야 카슈가 6부서 소속이라는 사실을 숨기고 MLN이라고 답하라고 한 이유를 알아차렸다.

"이제 다 끝났어. 돕긴 누구를 도와. 이미 분명히 말해뒀다고."
그는 내가 대꾸할 시간도 주지 않았다.

"그렇다면, 귀중한 시간을 빼앗아 죄송합니다. 이만 가보겠습니다, 구마르 씨……"

그가 내 말을 끊었다.

"내가 자네를 돕는다면, 자네가 워터맨 잉크 지우는 법을 알아낸 주인공이라는 얘기를 르네에게 들었기 때문이야. 대단해! 그 방법을 알아내려고 끙끙대던 사람이 한둘이 아니었거든. 젖산이라니! 나도 화학을 죽어라 파봤는데 알아내지 못했어. 자넨 정말 대단해, 켈레르. 저 짐승 같은 놈들이 우리나라를 독일의 한 주로 만드는 일은 절대로 두고 볼 수 없지!"

나는 진심으로 그의 얼굴에 침을 뱉고 당장 뛰쳐나와 쾅 소리가 나게 문을 닫고 싶었다. 그렇지만 배움이 너무 간절했기에 달리 선택의 여지가 없었다.

구마르 씨의 수업이 예상보다 빨리 진도가 나가서 그나마 다행이었다. 솔직히 더 참기는 힘들었다. 그토록 짧은 시간 내에 그토록 많은 지식을 습득하려니 힘들었지만 그보다는 구마르 씨의 외국인 혐오와 구역질 나는 태도 때문에 최대한 빨리 이 사람과 헤어져야겠다고 생각했다. 그는 외국인이라면 다 싫어했다. 유대인뿐만 아니라 영국인, 북아프리카인, 그리고 무엇보다 독일인을 질색했다. 우리가 마지막으로 나눈 대화가 지금도 기억난다.

"인종차별주의자? 내가? 흥! 말도 안 돼. 폴란드에 있는 폴란드인들은 나도 좋아. 튀르키예에 사는 튀르키예인들은 나도 좋아한다고. 유대인도 자기들끼리 살 나라를 찾는 수밖에 없어. 그들 나라는 멀면 멀수록 좋지만."

구마르 씨가 자기도 모르게 시온주의를 옹호하고 있다고 생각하니 뭔가 재미있었다. 나는 동성애자들을 언급하면서 그들도 따로 나라를 이루고 살아야 한다고 생각하는지 물었다.

"흥! 정신병원에 갈 놈들!" 구마르 씨가 욕을 했다.

아, 정말이지, 구마르 씨가 그리울 일은 없었다.

한편, 카슈는 처음 만난 후로 나를 잠시도 내버려두지 않았다. 내가 열심히 하면 할수록 더 많은 것을 요구했다. 심지어 경찰 신분증까지 위조해달라고 했다. 물론 나는 늘 해달라는 대로 해줬다. 그리하여 건강을 해쳤고 피로했지만 신경 쓰지 않았다. 오로지 일을 잘 해내는 데에만 집착했다.

1944년 6월, 나는 몇 달째 낮에 밖에 나간 적이 없었다. 내가 사는 건물 꼭대기 층에 사진제판실을 차려놓았으므로 매일 자코브 거리와 생페르 거리를 오갔으며 이것이 유일한 외출이었다. 여름이 왔다는 것도 6부서 작업실 천장으로 들어오는 햇빛으로 느꼈다. 그해 여름은 무척 더울 성싶었다. 다섯 명이 손바닥만 한

다락방에서 유독한 화학약품 냄새에 찌들어가며 일하려니 숨이 막혔다.

그래서 에르네스트를 만나러 오랜만에 외출하는 기분이 나쁘지 않았다. 한낮의 햇살 아래 바람도 쐬고 나뭇잎 살랑대는 소리를 들으니 오랫동안 느끼지 못했던 자유가 실감났다. 파리 사람들은 아무 일도 없었던 것처럼 사는 듯했다. 여자들이 모자가 날아갈까 봐 꼭 잡고 자전거를 타고 지나갔다. 아이들 웃음소리가 길모퉁이에서 들려왔다. 한 반인 듯한 남자아이들이 권위적인 느낌을 풍기는 교사가 손가락으로 가리키는 방향으로 줄을 서서 걸어가고 있었다.

지붕을 여닫을 수 있는 승용차를 타고 지평선을 향해 쌩하니 지나가는 사람들이 나치 제복을 입고 있지만 않았다면 그저 평범한 6월의 하루라고 생각했을 것이다.

노트르담 쪽으로 걸음을 재촉했다. 에르네스트가 벌써 도착해서 기다리고 있을 터였다. 카슈는 이번에도 불가능에 가까운 일을, 날짜도 촉박하게 의뢰할 것이 뻔했다. 몽팡시에 호텔에서 재회한 후로 나는 에르네스트를 여러 번 봤다. 스치듯 짧은 만남, 문서를 주고받을 시간밖에 없었지만. 임무 수행 중에 사담을 나눈다는 것은 있을 수 없었다. 그런데 이번 용건은 문서위조가 아니었다.

"따라와, 긴히 할 말이 있어." 에르네스트는 내가 도착하자마자 말했다.

우리는 함께 센 강변을 따라 걸었다.

"이제 됐어. 유대군단이 이제 곧 탄생할 거야. 상상해봐, 아돌포, 유대인 레지스탕스의 모든 분파가 하나의 깃발 아래 싸우는 거야. 너희 EIF와 6부서, 우리 MJS와 유대군대(AJ)가 하나가 되겠지. 우리가 힘을 합치면 더 대단한 일을 해낼 수 있어."

"우리는 이미 힘을 합치고 있어. 지금도 함께 일하잖아."

"그렇지. 하지만 이제 정말로 혼연일체가 되어 유대인 레지스탕스가 하나임을 보여줄 때야. 마키의 투사들은 유대군단의 지시하에 힘을 합치게 되기만을 기다리고 있어."

유대군단, 이건 에르네스트의 오랜 꿈이었다. 그를 비롯해 수많은 이들이 전쟁 초기부터 싸울 수 있고 싸울 의지가 있는 모든 유대인을 하나의 군대로 규합해야 한다고 생각했다. 그런 군대의 존재 자체가 유대인도 방어전을 수행하고 싸워 이길 수 있다고 온 세상에 외치는 셈이리라.

"런던에서 온 요원과 접촉했어. 벌써 무기를 입수했지. 앞으로도 계속 조달해주기로 했어. 그쪽에서 우리 조직의 규모를 알고 싶어 해. 싸울 수 있는 사람이 몇이나 되는지 알고 싶다며 명단을 달래. 우리가 잘 조직돼 있고 인원도 많다는 것을 보여줘야 해. 너희 작업실 주소와 거기서 일하는 사람들 이름을 알려줘."

"이름과 주소를 달라고? 너, 돌았구나? 작업실 주소도, 동지들 이름도 절대 알려줄 수 없어."

"못 믿어서 그래?"

"너는 믿어. 네가 명단을 작성하지 않는 한 믿을게. 너에게 무기를 조달해준다는 사람, 대체 누구야? 함정일지도 모르잖아?"

"함정 같은 소리 하네. 철석같이 믿어도 돼. 런던에서 파견한 사람이야. 우리도 이미 다 조사해봤어. 전혀 문제 없어."

"그 사람 이름이 뭐야?"

"샤를 포렐. 원한다면 너도 직접 조사해봐. 하지만 문제 없을 거야, 카슈가 아무나 선뜻 믿을 것 같아?"

"카슈가 그를 믿어?"

"그렇다니까. 어때?"

"나한텐 기대하지 마."

나는 에르네스트의 근육질 몸에 힘이 들어가는 모습을 보았다. 그는 화가 나서 홱 돌아서서 몇 걸음을 떼었다. 바람에 방수 코트 자락이 거세게 휘날렸다. 뒷모습만으로도 무척 열 받았음을 알 수 있었다. 다시 돌아섰을 때, 에르네스트의 파란 눈동자가 어두워져 있었다. 나를 노려보는 눈빛이 얼마나 살벌한지 1개 사단이 벌벌 떨 것 같았다. 하지만 브루너 수용소장의 시선도 맞받아친 내가 에르네스트 앞에서 눈을 내리깔쏘냐.

"넌 겁쟁이야. 무서워서 그러는 거지? 싸우는 게 겁나지?" 그는 대놓고 퍼부었다.

에르네스트는 내가 발끈하기를 바랐겠지만 나는 작업실 위치는 물론이거니와 사소한 정보도 누설하지 않았다. 나는 에르네스트의 차가운 시선을 피하지 않았고 그는 돌아서서 인사도 없이 가버렸다. 에르네스트의 실루엣이 저 멀리 한 점이 되었을 때 나는 소중한 친구 하나를 잃었음을 알았다.

돌아오는 내내 속이 답답했다. 내가 잘한 건가? 런던과 이쪽 조직의 관계는 검증이 어렵다는 문제가 있었다. 상대방의 정체를 어떻게 알 수 있나?

그건 결코 알 수 없었다. 하지만 카슈가 믿고 있다면 확실한 작전일 것이다. 나는 오만가지 의심으로 뒤숭숭했고 수달은 내가 돌아오자마자 표정이 좋지 않다는 것을 눈치챘다. 나는 무슨 문제가 있었는지 설명했다.

"아무 말 안 했지?"

"물론이지. 일절 말하지 않았어."

"잘했어. 다음번 6부서 회의에서 얘기해야겠어. 다른 사람들이 어떻게 생각하는지 보자고."

"네 생각은 어때?"

"네 생각과 같아. 작업실은 지켜야 해."

그후 6부서 회의에서 이 문제를 언급한 사람이 수달만은 아니었다. 조직의 간부들도 이미 알고 있었다. 모두가 유대군단의 새로운 무기 공급책 얘기를 하고 있었다. 심지어 우리도 슬슬 합류하자, 구체적으로 언제 어디서 만나자는 말까지 나왔다. 하지만 회의를 마치면서 6부서는—남들이 의심스런 시선으로 바라보더라도—결국 합류하지 않기로 결정했다. 우리가 겁쟁이라서 그런 결정을 내린 것은 아니다.

그다음 달에는 드랑시에서 들려오는 소식이 심상치 않았다. 점점 더 많은 유대인이 쉴 새 없이 끌려가고 있었다. 그 숫자에 나는 미칠 것 같았다. 그해 여름은 달갑지 않은 충격과 슬픔으로 나를 후려치고 있었다.

　작업실도 내가 원치 않는 방향으로 굴러가고 있었다. 자력으로 마련한 허접한 설비로 사진제판을 하려니 골치 아픈 문제가 많았다. 거듭되는 실패에도 낙심하지 않고 침착하게 처음부터 다시 작업을 해야 했다. 때때로 시간이 부족해서 작업량을 못 맞추면 명단 아래쪽의 이름들이 희생당할 수밖에 없었다. 그것만은 참을 수 없었다. 나는 늘 피곤했기 때문에 행여 방심해서 실수를 할까 봐 두려웠고, 그렇다 보니 신경이 예민하고 편집증적인 인간이 되었다. 밖에서는 늘 미행당하는 느낌이 들었다. 예감이 좋지 않았다. 일부러 골목을 몇 바퀴 돌면서 저 행인이 경찰이나 첩자가 아닌지 확인한 다음 작업실에 들어갈 때가 많았다. 헌책장수, 정육점 주인, 빵집 주인도 수상해 보였다. 저기 저 벤치의 연인들, 혹시 나를 훔쳐보다가 들킬 것 같으니까 키스하는 시늉을 하는 거 아닐까? 그러면 다시 방향을 바꾸어 딴 길로 갔다. 진 빠지는 일이었다! 허구한 날 밤을 새우고 잘 먹지 못했기 때문에 건강도 최악이었다. 나는 말라비틀어졌고 자주 쓰러졌다. 하지만 가장 걱정되는 것은 오른쪽 눈 상태였다. 쉴 새 없이, 심지어

자는 동안에도 눈물이 나서 아침에 눈꺼풀 떼는 데만 30분씩 걸렸다. 시간이 없어 병원에 가보지 않았지만 시력이 점점 떨어지고 있다는 것은 알 수 있었다. 문서위조범이 한쪽 눈을 잃으면 어떻게 되나…….

7월 마지막 주, 수달이 정신없이 작업실로 뛰어 들어와 청천벽력 같은 소식을 전했다. MJS와 AJ, 심지어 네덜란드인들의 조직과 FTP-MOI의 주요 간부들이 모조리 게슈타포에 체포되었다는 것이다. 그중에는 카슈와 에르네스트의 이름도 있었다. 자칭 런던 측 요원, 그러니까 한 달 전 에르네스트와 나 사이에 불화의 씨를 뿌린 자가 주도하는 회의에서 모두 체포되었다는 것이다. 내 촉이 맞았다! 나는 에르네스트와의 우정을 잃었지만 적어도 6부서 작업실과 동지들은 구했다. 영국의 정보요원이라고 했던 샤를 포렐이라는 사내는 사실 독일 방첩국 요원이었다. 우리 동지들이 함정에 걸려들어 약속 장소에 도착하자마자 체포당하다니. 믿을 수가 없었다…….

    상황은 이중으로 참담했다. 일단 6부서를 제외한 OJC의 모든 분과가 혼란에 빠졌다. 핵심 간부들이 다 빠졌는데 조직이 굴러갈 수 있으려나? 우리는 그러길 바랐다. 어쨌든 마키의 투사들은 조직적이면서도 충분히 자율적이니까 투쟁을 이어갈 수 있을 터였다. 하지만 얼마나 갈까?

    심리적 차원에서도 에르네스트와 카슈의 체포 소식은 나를 완전히 무너뜨렸다. 카슈, 천하무적 같던 카슈가 체포되다니.

"여기서 철수해! 다들 흩어져 몸을 피해!" 수달이 명령했다. 그의 떨리는 목소리에서 황망함이 전해졌다.

수달의 얼굴이 어찌나 창백하던지 나는 좀 더 캐물었다.

"여기 위치 아무한테도 알려주지 않았지?"

"응, 너도 확실한 거지?"

"당연하지."

"그래도 혹시 몰라. 일단 사흘은 두고 보자. 조심하는 편이 나아."

나는 부리나케 스탬프, 종이, 화학약품 몇 가지를 서류 가방에 쑤셔 넣었다. 나중에 돌아와 보니 발각되어 엉망이 된 작업실을 발견할 수도 있으니까. 사진제판에 필요한 것들은 다 내 집에 있었으니 따로 챙길 필요 없었다. 하지만 미행당하고 있을지 모르니 거기에도 발을 들이지 않는 편이 나았다. 진짜 미행이 붙었다면 발각되지 않을 리 없었다. 내가 막 떠나려는 찰나, 왠지 할 말이 더 있는 것 같던 수달이 엄숙하게 한 마디를 더 했다.

"이게 다가 아니야. 카슈가 고문을 받다가 죽었어."

카슈가 '고문을 받다가 죽었다'.

우리는 동지들이 체포되어 어떻게 되었는지 전해 들었다. 감옥이 다 그렇듯 프렌 교도소 역시 벽에도 귀가 있었고 우리 조직에도 공모자들이 있었다. 동지들이 무차별 구타에 물고문까지

당했다는 얘기를 들었다. 특히 카슈는 극도의 조롱과 멸시를 받았고 내게 자초지종을 전한 이의 표현을 빌리자면 "치욕의 끝"까지 갔다. 얼마나 지독한 고문을 당했는지 듣지 않고도 능히 상상할 수 있었다. '치욕.' 이 단어 하나에 말할 수 없는 고통이 숨겨져 있었다.

그다음에 일어난 일도 자세히 들었다. 게슈타포는 우리 동지들을 방첩국으로 넘겼지만 카슈는 이미 압송이 불가능한 상태였다. 숨만 끊어지지 않은 송장이었고 이용 가치도 없었다. 그래서 게슈타포는 모두가 보는 앞에서 계단 난간에서 밀어버렸다. 카슈는 5층 아래로 떨어져 죽었다. 나는 오랫동안 이 이야기에서 헤어나지 못했다.

또 다른 사람들은 프렌 교도소 사형수 구역에 갇혀 자기 차례를 기다리고 있다고 했다. 나는 아무도 놈들에게 협력하지 않았을 거라고, 고문을 당할지언정 입을 열지 않을 거라고, 조직은 붕괴되지 않을 거라고 믿었다.

"사흘 후 같은 시각에 여기서 봐." 우리는 헤어지면서 그렇게 약속했다. 사흘이나 작업을 중단할 때 빚어지는 결과는 생각하지 않는 편이 나았다. 밀려오는 죄책감을 감당하지 못할 테니까.

수중에 지닌 돈 몇 푼으로 당분간 숨어 지낼 곳을 찾았다. 대학생들이 주로 이용하는, 에쇼데 거리의 작은 호텔이었다. 나는 짐도 챙겨 나오지 않았기 때문에 호텔의 의심을 사지 않으려고 하룻밤만 방을 빌렸고 나중에 연장할 작정이었다. 작업실 쪽으로는 얼씬도 하지 않아야 했지만 조직과 연락이 완전히 끊어져서는 안 되었다. 우리에겐 연락을 유지하는 아주 간단한 방법이 있었다. 매일 오전 11시에 요원 하나가 번화가 사거리에 나와 있기로 했다. 월요일은 소르본 사거리, 화요일은 노트르담 사거리, 이런 식으로. 사흘간 위조문서 발송이 마비되기를 원치 않는다면 어떻게든 내일은 요원과 접선을 해야 했다. 나는 호텔 방에 들어가자마자 커튼을 치고 소중한 서류 가방을 열었다. 가방에는 꼭 필요한 최소한의 물품, 그리고 신원이 기록되지 않은 신분증, 소집해제증명서, 식량배급카드, 출생증명서, 세례증명서 등이 있었다. 스탬프 몇 개, 여러 색의 잉크. 이 정도면 어디게라도 작업을 계속할 수 있었다.

다음날 소르본 사거리에서 펭귄을 만났다. 그는 나를 보고 안심하는 표정을 지었다. 내가 오지 않을까 봐 걱정했던 것이다. 그날의 접선은 여느 때와 달랐다. 우리는 한참 이야기를 나누었다. 펭귄은 동지들의 체포에 극심한 충격을 받았지만 내가 실의에 빠졌을까 봐 걱정을 많이 했다. 자신이 나를 발탁한 데다 내가 아직 어렸기 때문에 보호자처럼 행동했고, 행여 무슨 일이 일어나지 않는지 멀리서도 신경을 쓰곤 했다. 펭귄은 한숨을 내쉬고 이렇게 말했다.

"잘 들어, 당분간 작업실 폐쇄한다고 들었어. 하지만 서류가 없으면 난 아무 일도 할 수 없어. 이번 주에만 아이들 서른 명을 두 조로 나눠서 데려가야 해. 완전히 망했어."

"내가 서류를 가져왔어."

"뭐?"

"이걸 주러 온 거야. 어젯밤에 만들었어."

"세상에!"

우리는 서류 가방을 교환했다. 그는 서류가 꽉 찬 가방을, 나는 빈 가방을 들고 헤어졌다.

사흘 후, 같은 시각, 생페르 거리에 있는 건물 계단을 올라갔다. 에쇼데 거리에서 오는 동안 누군가 미행하는 낌새는 없었다. 문을 열고 들어가 보니 수지와 에르타가 벌써 자리를 지키고 있었다. 작업실은 발각되지 않았지만 밀린 일이 너무 많았다.

하지만 우리가 작업을 재개하자마자 수달이 뛰어 들어왔다. 그의 낯빛이 어느 때보다 창백했다.

"펭귄과 아이들이 붙잡혔어!"

그와 동시에, '위험분자 테러리스트'로 분류된 집단이 드랑시 수용소에 도착했다는 소식을 교도소를 통해 들었다. 브루너 수용소장이 그들을 지하실에 가둬놓고 엄중히 감시한다 했다. 그들의 몰골이 어찌나 참담했는지—누더기 차림, 야윈 얼굴에 역력한 고문의 흔적—기존 수용자들도 연민을 느낄 정도였다고 한다. 인원은 서른 명 정도라고 들었다. 브루너가 테러리스트라고 부른 사람들은 누구였을까? 우리가 주워들은 정보로는, 에르네스트와 카슈와 함께 체포된 우리 동지들 같았다.

"그 사람들을 왜 드랑시에 보냈는데요?"

그건 이해하기 어렵지 않았다. 연합군이 파리로 진격하고 있었고 나치는 완전히 수세에 몰렸으니 브루너는 악에 받쳐 있었다. 그는 사형 집행이라는 수고로운 일을 교도소에 맡기지 않고 자기가 직접 처리할 심산이었다. 질 때 지더라도 빈손으로 독일에 돌아갈 순 없다고, 유대인 레지스탕스의 극렬분자 서른 명을 총통에게 바치겠나고 생각했으리라. 내 벗들에게는 비극적인 운명이, 죽음의 수용소행이 예정되어 있었다.

"펭귄은 어떻게 됐나요?"

펭귄, 나는 며칠 후, 그가 자신이 피난시키려 했던 아이들과 함께 아우슈비츠로 이송되었다는 소식을 들었다. 펭귄도, 아이들도 거기에서 나오지 못했다.

# 5

1945년 여름. 멈춰 있던 삶을 모두가 되찾은 지 거의 1년이 됐다. 하지만 전쟁은 아직 끝나지 않았고 나는 여전히 위조범 노릇을 하고 있었다.

1년 전 파리가 해방되자마자 나는 군에 자원입대해 담가병擔架兵이 되었다. 나는 어떤 식으로든 전쟁 종식에 이바지하고 싶었지만 총을 들고 싸우고 싶지는 않았다.

군 비밀정보부가 위조문서를 만들 전문가를 찾고 있었다. 적진에 요원들을 낙하산으로 침투시켜 잘 알려지지 않은 수용소, 특히 인체에 대한 비밀 실험이 자행되는 현장을 찾아내야 했다. 나치가 한발 앞서 증거를 폐기하기 전에 말이다. 내 이름이 알려졌는지 하루는 내가 배치된 부대로 두 남자가 찾아왔다. 그중 한 명은 군의 연락자료본부(CLD)와 연구개발총괄부(DGER) 수장인 폼바레르 중령, 말하자면 프랑스군의 첩보와 방첩을 주도하는 인물이었다. 그때부터 나는 DGER 소속으로 새로운 임무를 수행했다. 우리 팀은 전쟁 포로 및 강제수용자(MPGD) 부처 직속이었다. 이 부처 장관은 눈빛이 매서운 서른 살 정도밖에 안 된 젊은 군인으로, 이름은 프랑수아 미테랑[14]이었다. 나는 바로 소위로 진급했고 나랏돈으로 에투알 광장 근처 두아지 호텔에서 기거하며—CLD가 이 호텔 한 층을 통째로 썼다—운전병이 딸린 승용차를 사용하게 되었다. 이제 국무 위조 전문가라는 새로운 위상, 혹은 살길을 얻었다. 정보부의 원칙에 따라 나는 이중생활을 해야 했다. 그래서 레지스탕스 시절의 쥘리앵 아돌포 켈레르라는 신원을 그대로 유지했다. 나를 아는 모든 사람, 가족, 친구, 6부서 시절의 동지에게조차 나는 사무직원, 정부의 말단 서기로 통했다.

1년간, 그러니까 독일이 항복하고 수용소가 해방될 때까지 나는 독일 문서를 위조했다. 부서에 배치되자마자 독일의 도로 통행증, 열차표, 신분증, 여권, 군인 신분증 견본을 받았다. 독일어를 못하는 정보 요원을 STO 자원자로 위장하여 잠입시키기 위해 독일의 외국인 노동자 증명 서류도 위조했다. 위조해야 할 서류는 많고 시간은 촉박했기 때문에 나는 금세 스트레스에 시달렸다. 이 일은 늘 까다로웠고 독일 신분증은 만들어본 적이 없어

---

14  프랑스 사회당 출신으로는 처음으로 1981년 대통령이 되었다.(옮긴이)

서 새로운 문제를 해결해야 했다. 독일 신분증에는 투명 워터마크와 불투명 워터마크 둘 다 들어 있었기 때문이다. 종이의 무게와 경도, 색을 입히는 기법도 완전히 달랐다. 물론 예전보다 훨씬 좋은 자재와 설비를 쓸 수 있긴 했다. 그래도 셀 수 없이 많은 실험을 하고 기발한 수를 찾아야 했다.

  나는 6부서 작업실에서 쓰던 재료, 자코브 거리 숙사 작업실에서 쓰던 재료를 전부 챙겨 왔다. 두아지 호텔 한 층에 암실, 사진제판실, 인쇄실, 서류작성실, 채색 및 탈색 작업실, 제지실, 그리고 싱거 재봉틀을 놓아두는 방을 따로 꾸몄다. 우리 아버지가 고객들 옷을 재봉하면서 썼던 모델과 동일한 재봉틀은 인지 작업을 하는 데 사용했다. 접착지에 인지를 인쇄한 후 낱장으로 뜯어낼 수 있어야 했다. 이에 필요한 구멍을 뚫기 위해 재봉틀에 구멍 크기가 정확히 일치하는 주사기 바늘을 끼우고 돌렸다.

  그날 새벽 5시, 두아지 호텔의 내 방에 여명이 비치기 시작했다. 창에서 바라본 하늘은 무채색이었고 희한하게 가느다란 실 같은 구름이 떠 있었다. 나는 외투를 걸치고 얼른 나가 보았다. 새로운 정보 요원 여섯 명이 와 있었다. 그후 며칠은 참으로 바빴다.

  운전병은 매일 아침 호텔 앞에서 나를 태우고 DGER에 데려다준 후 건물 앞에 차를 세워두었다. 마예 소령이 문을 열고 나를 맞아주었다. 각진 턱과 짧게 친 검은 머리를 옆 가르마로 빗어 넘긴 모습이 꼭 미국 영화배우 같았다. 그가 DGER에서 하는 일은 군사 첩보 요원들을 훈련시켜 적의 영토에 침투시키는 것이었다. 신체 훈련과 정신 훈련이 모두 필요했다. 이른 시각이라, 그곳에서 먹고 자며 일하는 소령을 제외하면, CLD 건물은 텅 비어 있었다. 이 널찍한 5층 건물은 작은 사무실이 복도를 따라 다닥다닥 붙어 있는 구조였다. 나는 꼭대기 층에서 일했는데 항상 잠겨 있는 공간 하나를 빼고 내 마음대로 쓸 수 있었다. 항상 잠겨 있는 방의 열쇠는 마예 소령이 가지고 있었다. 나는 소령과 함께 계단을 올라가 그곳에 들어가 보았다. 침실 몇 개, 주방, 욕실이 갖춰진 널찍한 주거 공간이었다. 마예 소령과 나 말고는 아무도 들어가지 못했고 거주자들과 접촉할 수도 없었다.

자면서도 귀를 열어놓는 데 습관이 된 정보 요원들이 침실 문을 열고 나왔다. 마예는 그들을 한 명씩 소개했다. 모두 여섯 명으로 다들 젊고 몸이 좋았다. 그들은 군에서 발탁된 최정예 요원들로 교외의 비밀 은거지에서 두 달간 강도 높은 훈련을 받았고 세 명씩 두 조로 나뉘어 독일에 침투할 터였다. 각 조는 작전을 지휘하는 조장, 무전병, 잠입 요원으로 구성되었다.

낙하산 침투 작전이 성공하려면 그들이 독일에서 쭉 살던 사람이라는 증거가 필요했다. 신분증, 노동허가증, 임대료 지불 증서, 상점 영수증, 도서관 대출증, 버스표, 영화관 입장권, 특정 도시에서 특정일에 탑승한 열차표, 천식약 처방전, 어머니나 여자친구가 오래전에 보내준 편지, 우표가 붙어 있거나 소인이 찍혀 있는 봉투 등등. 요원이 체포당할 경우 젊은 남자가 소지하고 다닐 법한 서류들이 그의 목숨을 구한다. 그러자면 자료 하나하나를 맞춤형으로 딱딱 들어맞게 만들어야 했다. 나는 일주일 만에 요원 한 사람 한 사람에게 믿을 만한 과거와 함께 증거 자료를 만들어줘야 했다. 무엇보다, 실제 삶을 기반으로 인생사를 꾸며내 참과 거짓이 웬만큼 섞여 있어야 그들도 소화해내기 쉽다. 그래서 제작에 들어가기 전에 장시간 인터뷰가 필요하다. 그날은 운이 좋았다. 그중 두 명은 알자스 태생이어서 독일어가 유창했을 뿐 아니라 자신이 침투할 지역의 상황도 잘 알았다. 나머지 네 명은 사연을 전부 지어내야 해서 일이 좀 까다로웠다.

    회의와 인터뷰가 온종일 쉴 틈 없이 이어졌다. 낙하산으로 침투할 새로운 요원들이 CLD에 올 때마다 이랬다. 할 일이 너무 많아 시간이 어떻게 가는지 몰랐고 밥 먹는 것도 잊었다. 어느새 어두워졌고 내가 건물에서 나올 때는 이미 다들 집에 돌아간 후였다. 그날 저녁에는 특별한 약속이 있었으므로 서둘러야 했다. 과거 레지스탕스에 몸담았던 동지들과의 모임이었다. 그동안 눈코 뜰 새 없이 바빴기 때문에 동지들을 만날 짬이 나지 않았다.

그날 클로드베르나르 거리의 저렴한 간이식당에 나타난 사람은 서른 명쯤 되었다. 6부서의 기린, 아케르베르, 왜가리, 수달, 수련, 수지, 에르타, 그리고 카슈의 보좌관이었던 폴스키도 나왔다. 그들을 다시 보니 좋았다. 수련이 나를 따뜻하게 맞으며 포도주를 한 잔 권했고 화학을 계속 공부하게 됐다는 얘기를 했다. 둘이

서 한동안 얘기를 나누었는데 어수선한 와중에 저 안쪽에서 무척 친숙한 웃음소리가 들렸다. 그쪽을 두리번거리다가 누구를 보았는지 아는가? 키가 큰 금발의 젊은이, 삐딱하게 입에 문 파이프와 시리도록 푸른 눈동자. 소개는 필요 없을 것이다. 에르네스트가 앙리 포렐레스와 자크 라자루스와 거기에 함께 있었다. 셋 다 브루너에게 마지막으로 끌려갔는데 어떻게 이런 일이! 어안이 벙벙했다. 처음에는 술에 무슨 약을 탔나 생각했다. 내가 미쳐서 유령이 다 보이는구나! 이건 환영인가? 정신이상인가? 만감이 교차하는 탓인가, 아니면 너도 나도 띠드는 증상, 외상후스트레스장애인가? 다른 사람들 눈에도 저들이 보일까? 식당에 모인 사람들은 다들 웃고 떠들고 마시고 담배를 피울 뿐, 아무도 놀라는 것 같지 않았다.

나는 사람들을 헤치고 그들에게 다가갔다. 그들은 껄껄 웃고 등을 토닥이며 반가워하더니 어떻게 탈출했는지 얘기해주었다. 몇 가지 도구를 숨겼다가 이송 열차 창살을 끊고 탈출했다나. 레지스탕스의 방해 공작으로 열차는 걸핏하면 멈추고 나흘이 지나도록 생캉탱까지밖에 못 갔다. 그들은 어느 날 밤에 탈주를 시도했고, 가벼운 부상을 당하고 배를 곯긴 했지만 파리로 돌아올 수 있었다. 6부서 작업실의 소재를 끝내 밝히지 않은 날 이후 에르네스트를 보지 못했지만, 우리 사이에 그건 다 지난 일이었다. 몇 번이나 죽을 고비를 넘겼던 에르네스트, 그가 다시 한번 브루너의 마수에서 살아 돌아왔다. 살아 있으니 됐다. 나중에 얘기하겠지만 에르네스트와 나는 그후에도, 또 다른 임무를 맡아 함께 투쟁하게 된다.

에르네스트 얘기는 잠시 미뤄놓고 피에르 무셰니크, 일명 '피에로' 얘기를 하자. 나는 그날 처음 피에로를 만났다. 스물다섯 살이었고 원래 유대군대에 몸담았으며 카슈가 떠난 후 니스의 문서위조 작업실 책임자 자리를 이어받았다. 우리는 전쟁 중에 각자 파리와 니스에 살았기 때문에 만나지 못했지만 비밀 잉크로 여러 번 편지를 주고받은 사이였다.

피에로는 금발에 푸른 눈이었고 사람이 늘 편안해 보였다. 멋진 문장을 쓰는 재주, 사람들을 의기투합하게 하는 열성, 무엇보다 군중을 상대하면서도 한 사람 한 사람과 눈을 맞추고 그들을 깊이 감화시키는 능력이 대단했다. 호흡과 침묵이 어찌나 절묘한지 긴장감을 조성하거나 재치 있게 받아치는 데도 자유자재였다. 농담, 일화, 소설 같은 이야기가 호흡하듯 흘러나왔다. 여자들에게도 그의 매력은 치명적이었다. 하지만 피에로는 무엇보다 휴머니스트였다. 그가 입을 연 순간 나는 바로 호감을 느꼈다. 피에로가 먼저 다가와 해방 이후 무슨 일을 하고 지냈는지 끈질기게 물었다. 당연히 나는 군에 몸담고 있다는, 이미 알려진 사실만 언급했다. 피에로는 내가 이미 어딘가에 소속돼 있다고 하니 실망한 듯했다. 피에로가 그런 반응을 보인 이유는 얼마 지나지 않아 알게 된다.

일주일 후 DGER 요원들은 기뻐 날뛰었다. 독일군이 항복을 선언한 것이다. 비밀리에 추진 중이던 요원 침투는 취소되었고 자연스럽게 문서위조 작업도 중단되었다. 내가 문서들을 파기하고 있는데 폼바레르 중령이 오더니 긴급 임무를 하달했다. 이제 문서위조가 아니라 프랑스 군대의 식민지 재탈환에 대비해 인도차이나 지도 제작을 맡기겠다는 것이었다. 나는 군인이었으니 군말 없이 수락했다. 하지만 사진제판으로 복제할 지도들이 쌓여갈수록 이건 아니라는 생각이 들었다. 몸에 맞지 않는 옷을 입은 기분이랄까. 전쟁이 끝난 이상, 군사 첩보는 내 소관이 아니었고 이제 곧 벌어질 식민 전쟁에 한몫을 한다고 생각하니 괴롭고 끔찍했다.

나는 작정해서 위조 전문가가 된 게 아니었다. 군인은 더더욱 아니었다. 내가 지난날 해온 일들은 인간의 의무였지 선택이 아니었다. 지도 제작을 끝내면 다시 전쟁용 문서를 위조해야 할 텐데, 이 전쟁은 내 가치관에 맞지 않았고 (모든 전쟁이 그렇듯) 무고한 희생자들을 낳을 터였다. 일 자체가 싫어서가 아니라 나의 윤리에 어긋나기 때문에 그러한 명령을 따를 수가 없었다. 인도차이나 사람들이 저항에 나선다면 제2차 세계대전 중에 프랑스 레지스탕스가 했던 일과 무엇이 다를까?

당시에는 '반식민주의자'라는 용어가 없었지만 나는 이미 뼛속까지 반식민주의자였다. 그래서 바로 사직서를 냈다. 상관들은 나를 붙잡고 싶어 했지만 내 결심은 확고했다.

피에로는 내가 군에서 나왔다는 소식을 듣자마자 내 거취를 수소문했다고 한다. 몇 주 후에 수달이 나를 찾아왔다. 나는 수도와 전기도 안 들어오는 샤랑통 거리의 쪽방에서 궁핍하게 지내면서 고만고만한 사진 일로 먹고살려고 애쓰는 중이었다.

나는 피에로를 세 번 보았는데 그는 만날 때마다 흥분을 주체하지 못했고 점점 더 조급해했다. 양은냄비가 따로 없었다.

피에로는 수용소 생존자들을 팔레스타인으로 이주시키는 조직에서 활동한다고 설명했고, 나는 일단 요청을 거절했다. 그는 온갖 수단을 동원해 나를 설득했고 수십만 명의 미래가 달린 일이라고 주장했지만 씨알도 안 먹혔다. 나는 전시가 아닌 이상 불법적인 일을 하고 싶지 않았다.

"그런데 왜 마음이 바뀌었나요?"

피에로는 나를 설득하기 위해 미군 몇 명을 대동하고 독일의 난민 수용소로 갔다. 1946년 1월이었다. 네 명이 군용 지프 한 대로 움직였다. 독일 국경을 넘어 한 시간쯤 달렸을까, 한 명이 손가락을 들어 벽돌로 지어진 거대한 수용소를 가리켰다. 벽돌 건물 뒤에는 흙이 질퍽거릴 것 같은 공터를 중심으로 야트막하고 네모진 막사들이 세워져 있었다.

문득 철조망 너머로 줄무늬 죄수복을 입은 그들이 보였다. 수백 명이 서서히 다가오면서 뭔가를 묻는 듯한 시선을 던졌다. 나는 수용소 방문을 수락할 때부터 마음의 준비를 단단히 했지만 불과 몇 분 사이에 검은색 흰색 줄무늬 옷차림을 한 사람들이 철조망에 다닥다닥 들러붙는 모습에 지프에서 내리고 싶지도 않았다.

그중에 프랑스어가 유창한 사람과 대화를 나눌 기회가 있었다. 폴란드인으로 전직 프랑스어 교사인데 죽으면 죽었지 폴란드로 돌아가지 않겠다고 했다. 다들 마찬가지였다. '모국' 정부는 그들을 배신했고 유럽 대륙은 그들이 당했던 잔혹한 박해를 떠올리게 할 뿐이었다. 누구도, 무엇도 그들의 결심을 꺾을 수 없었다. 그들은 이 난민 수용소에서 팔레스타인행 비자가 나올 때까지 기다리고 있었고, 필요하다면 몇 년을 썩을 각오가 되어 있었다. 수용소에는 모종의 연대가 수립되어 있었다. 가족이 새로 꾸려졌고—수용소에서 태어난 아이들도 있었고, 자기가 낳지 않은 아이를 입양하는 어른들도 있었다—죽음만이 그들을 갈라놓을 수 있을 터였다. 폴란드인은 저 멀리 아기와 함께 앉아 있는 어느 여인을 애틋한 눈으로 바라보며 몇 번이나 그렇게 말했다. 그래서 나는 그들이 여기에서 새로운 가족이 되었구나 하고 생각했다.

짧은 수용소 방문을 마치고 돌아오다 본 광경에 나는 엄청난 충격을 받았다. 야생의 아이들이 무리 지어 수용소 주변에서 어슬렁대고 있었다.

처음에는 여러 수용소를 둘러볼 예정이었으나 나는 한 군데만 보고도 마음을 정하기에 충분했고 날이 이미 어두워지고 있었으므로 곧장 돌아가자고 했다. 그런데 차가 모퉁이를 돌아선 순간, 저 멀리 도로 한복판에 서 있는 삐쩍 마른 실루엣들이 보였다. 열다섯 명은 됨직한 아이들이 길을 가로막고 있었다. 점점 가까워지면서 그들이 막대기로 무장하고 있다는 것을 알았다. 열세네 살도 안 돼 보이는 아이들이었다. 어떤 애들은 예닐곱 살밖에 안 되어 보였다. 운전사는 헤드라이트를 끄고 속도를 늦추었지만 차를 세우지는 않았다. 나는 미군들이 왜 무기를 꺼내 아이들을 겨누는지 처음에는 몰랐다. 아이들은 즉시 양옆으로 물러섰지만 두려워하는 기색은 전혀 없었다. 군용 지프가 좁은 틈을 지나는 동안 나는 그들에게서 눈을 뗄 수 없었고, 그때 한 아이가 알아들을 수 없는 욕을 하면서 미친 듯이 차창에 주먹질을 했다. 나는 아이의 얼굴에서 소름 끼치는 증오와 분노를 보았다. 아이들이 다시 지프를 에워싸기 시작했고, 운전사는 빠져나가기 위해 사고를 무릅쓰고 속도를 낼 수밖에 없었다. 지프가 아이들을 추월하고 어둠 속으로 질주하자 뒤에서 돌맹이와 막대기가 마구 날아왔다.

 미군이 말하기를, 집단수용소에서 살아남은 아이들이 해방 이후 갱단을 조직해 농장과 가옥을 털고 다니기 때문에 인근 주민들이 발을 뻗고 살 수 없다고 했다. 부모는 나치에게 처형당하고 애들끼리 살다 보니 어른을 적대시하고 무서운 폭력성을 드러낸다는 것이었다. 우리가 이용한 도로는 고아 난민 수용소와 가까웠다. 부모 잃은 아이들 수천 명이 강제 수용돼 있었는데 해방군이 도착했을 때는 거의 다 죽어 있었다. 아까 우리가 본 아이들은 혼자 힘으로 몇 달을 버텨 살아남았을 테고 이제 아무도 믿지 못할 것이다. 수십 킬로미터를 달려오는 동안 우리 앞길을 막으려 들었던 무리가 그들만은 아니었다.

이 수용소 방문으로 해방의 충격이 되살아났다. 사실, 점령군이 철수하고 나서 나는 바로 환멸을 경험했다. 승리를 꿈꾸고 희망했기에 거기에 온 힘을 다해 매달렸다. 순진하게도 이 전쟁에서 승리하기만 하면 특정 인구 집단에 대한 멸시니 인종차별이 사라질 줄 알았던 것이다. 난민은 너무 많은데 아무도 이 문제를 해결할 수 없다는 사실이 막막하고도 끔찍했다. 팔레스타인은 여전히 영국의 위임통치령이었고 유대인 이민을 제한하는 백서 White Paper[15] 때문에 수십만 명이 요청함에도 불구하고 비자 발급은 낙타가 바늘구멍 들어가기였다. 그런 상황이 한없이 길어지고 있었다.

   난민들 처지는 눈을 뜨고 볼 수 없는 지경이었다. 아무도 그들을 위해 나서주지 않았다. 이제 아무도 믿을 수 없는 저 아이들을 어떻게 세상과 화해시킬 것인가. 박해에서 멀리 벗어나 새로운 삶의 터전을 일구길 바라는 저 사람들을 어떻게 할 것인가. 그들도 일생에 한 번은 제 운명의 주인이 되고 싶지 않겠는가. 그들은 팔레스타인 이주를 원했다. 나는 시온주의자가 아니었으므로 사실 머무를 장소는 중요하게 생각하지 않았다. 하지만 누구든지, 특히 박해를 경험했고 목숨을 위협받는 상황이라면, 자신이 망명할 땅을 자유롭게 선택하고 옮겨 갈 수 있어야 한다고 생각했다.

파리에 돌아오자마자 나는 수화기를 들었다. 피에로가 얼마나 초조하게 내 전화를 기다리고 있을지 짐작하고도 남았으니까.

---

15 유대인의 해외 이주는 히틀러가 권력을 장악하고 본격적으로 유대인 박해에 나선 1930년대 들어 급증했다. 그러자 영국의 필Peel위원회가 1937년 이 지역을 유대인, 아랍인, 영국이 나누어 가지는 분할안을 제안했다. 유대인과 아랍인 모두 반대하였으나, 벤 구리온의 설득으로 시온주의 지도부는 필위원회의 분할안을 받아들였다. 이것이 장차 유대 민족국가 건설의 지렛대가 될 수 있다고 본 것이다. 하지만 영국은 2차대전의 전운이 감돌자 아랍인들의 지원을 끌어내기 위해 또다시 기만적인 술수를 부린다. '팔레스타인에는 단일 국가만이 존재하며 유대인의 이민자 수를 향후 5년 동안 매년 1만 5000명으로 제한하고 5년 후에는 아예 중단한다' '유대인들은 위임통치령의 5퍼센트를 제외한 전 지역에서 아랍인의 땅을 구입할 수 없다'는 내용의 이른바 '백서'를 1939년 5월에 발표한 것이다.(옮긴이)

# 6

 참으로 길고 어두운 밤이었다. 1947년 10월. 이웃들에게 의심을 사지 않기 위해 창문을 전부 두꺼운 검은색 종이로 막아버렸다. 도대체 저 집은 왜 불이 꺼지지 않는 걸까 의아해하는 사람이 있을지도 모르지 않나. 언제나 조심, 또 조심해야 했다.
 에르네스트의 주문은 진즉에 처리했다. 그와 다른 두 사람을 위한 여권, 운전면허증, 관광 안내원 자격증은 이미 준비되었다. 반면, '폴 선생'이 주문한 브라질 단체 비자는 결과물이 영 만족스럽지 못했다. 300명이 팔레스타인으로 떠나기 위해서는 넓적한 고무 스탬프가 찍힌 비자가 필요했다. 그런데 인쇄된 글자가 너무 뭉개졌고 잉크 자국이 남았다. 원본 스탬프도 의도적으로 이렇게 지저분하게 만들었나? 이걸 수정을 해야 하나, 말아야 하나? 내가 늘 요청하는 대로 견본을 두 점씩 보내주기만 했어도 비교를 해보고 수정을 할지 말지 판단할 수 있을 텐데.

현미경을 한참 들여다봤지만 일반적인 기준으로 처리하는 수밖에 없었다. 얼룩을 줄이되 완전히 제거하지는 않고, 뭉개진 글자도 살짝 손을 봤다. 촬영으로 네거티브를 떠서 사진 요판을 만든 다음 녹인 고무에 찍어서 스탬프 음화陰畫를 얻어낸다. 일반적인 스탬프용 고무를 다룰 때는 시중에서 쉽게 구할 수 있는—자전거 튜브를 수리할 때 주로 쓰는—가황기加黃機[16]를 썼는데 이 스탬프는 훨씬 판형이 큰 비자에 쓰이기 때문에 옛날 방식대로 다리미를 사용했다. 나는 늘 최신형 다리미를 여럿 구비하고 있었지만 옷을 다릴 때 쓴 적은 없다. 마침 초기의 전기다리미 한 대를 입수했다. 이 모델은 온도조절기가 없지만 나는 다리미 사용에 워낙 익숙해서 얼굴에 조금 가져다 대면 온도를 대충 짐작할 수 있었다. 스탬프가 식으면서 굳어지면 드디어 양화陽畫를 만든다. 원본 잉크를 분석하고 색을 배합해서 정확히 동일한 주홍색을 얻어낸다. 색상은 인공조명을 이용해 적외선과 자외선에 비추어 확인해보면 별 문제가 없다. 위조범이 빠지기 쉬운 두 가지 함정이 있다. 잉크에는 광택을 더하는 성분과, 자외선에 비춰보지 않으면 모르는 발광 물질이 들어 있다. 광택 성분은 다행히 레지스탕스와 DGER에서 연구한 경험으로 알 수 있었다. 아라

---

[16] 타이어 같은 고무 제품에 가황(생고무에 황을 넣고 열처리 하는 작업)을 하는 기계. 이 과정을 통해 고무의 물리적 성질을 강화하고 실용적인 제품을 만들 수 있다.(옮긴이)

비아고무를 배합하면 되는데 정확한 비율까지 알려면 여러 번 시험을 해야 했다. 잉크의 발광 물질은 빛의 속도에 따라 표가 나기도 하고 안 나기도 해서 이 역시 파헤치고 궁리하고 시험해야 했다.

몇 시간 후, 나는 마침내 결과물을 평가하고 두 개의 스탬프를 비교할 수 있었다. 이번에는 원본보다 너무 깨끗하고 선명해서 진짜 같지가 않았다. 찜찜함이 남을 때는 전부 버리고 다시 시작하는 편이 낫다.

### 정확히 누구를 위해 일했던 거예요?

당시 나는 수용소 생존자들을 팔레스타인으로 비밀리에 이주시키는 조직 알리야 베트[17]를 위해 일했다. 니스 조직에 몸담았던 사람들 대부분이 나와 함께했다. 그들은 이제 하가나[18] 프랑스의 투사들이 되었는데 늘 그랬듯 한낱 인간이 해낼 수 없는 기적을 나에게 요구했다.

내가 독일에 다녀온 후, 피에로는 비밀 정부의 대사관 느낌이

---

17 '알리야'는 성지 이주를 뜻하는 히브리어이다. '베트'는 알파벳의 B를 의미하며 이 이주 조직이 불법적 성격을 띠고 있음을 암시한다.
18 하가나Haganah는 당시 팔레스타인의 유대인 민병 조직으로, 이스라엘군의 전신이다. 이른바 백서를 통해 밸푸어 선언을 사실상 폐기한 영국에 맹렬한 무장 투쟁을 벌였다.(옮긴이)

나는 클레베르 대로의 사저에서 유대군대의 창설자 아브라함 폴론스키, 일명 '폴 선생'에게 나를 소개했다. 남부의 모든 조직은 유대군대에 충성을 맹세했다. 폴 선생은 키는 작지만 어깨가 넓고 지도자다운 위엄이 느껴졌다. 통솔력이 뛰어났고 '작은 나폴레옹'이라는 별명을 얻을 만큼 권위 있는 전쟁 지휘관이었다.

조직 내에도 상당한 정치적 견해차가 있었지만 우리는 같은 목표를 추구했기에 다툼을 뒤로하고 힘을 합칠 줄 알았다. 하지만 나와 제일 가까운 벗들은 전쟁 전의 나처럼 친러파, 집단노동과 키부츠를 옹호하는 마르크스주의자였다. 우리 모두에게는 이 불법 이민을 지지할 만한 동기가 있었다. 동기 자체는 저마다 달랐다. 가령, 피에로는 아이들의 미래를 무엇보다 중요하게 생각했다. 난민 아이들이 다시 사회로 편입되기를 바랐기에 청소년을 위한 농장 학교나 가정이 파괴된 이들을 돕는 단체 활동도 병행했다. 그의 행보는 늘 사회활동의 성격을 띠었고 훗날 이런 일이 소명이 되었다. 폴 선생과 보좌관은 밸푸어 선언[19]이 표명한 대로 팔레스타인에 유대 민족의 집을 세우겠다는 생각이 투철했

---

19  1917년에 영국은 팔레스타인에 유대인의 민족국가를 수립하는 것을 지지하는 선언을 발표한다. 관련 문서에 당시 외무장관 아서 밸푸어가 서명함으로써 밸푸어 선언이라 불린다. 이로써 시온주의자들은 큰 희망을 얻었으나 이미 팔레스타인에 살고 있던 아랍인들은 강력히 반발했다.(옮긴이)

다. 시온주의자들은 모두 그러한 꿈에 매달렸다. 그리고 레지스탕스에 가담했던 이들은 수용소에서 살아남은 유대인을 팔레스타인으로 보내는 것이 순리에 맞다고 보았다. 그들은 국제 정세가 허용하면 당장 팔레스타인으로 떠나고 싶어 했다. 하지만 나는 단지 이주의 자유가 중요하다고 생각했을 뿐이다. 어린 시절 나와 부모님이 쫓기듯 다른 나라로 떠나야 했던 가족사 때문일 것이다. 처음 프랑스로 넘어올 때 얼마나 힘들었던가! 잊으려야 잊을 수가 없다. 나는 고작 다섯 살이었다. 부에노스아이레스에서 마르세유까지 한 달간 배를 타고 왔는데 도착하고 며칠 되지도 않아 튀르키예로 강제 추방을 당했고 거기서 입국 허가가 나기만을 기다렸다. 장장 2년을 기다리면서 얼마나 꼬들리고 얼마나 고생을 했던가. 그사이에 여동생이 태어났기 때문에 행정절차에 또 다른 장애물이 생겼다. 그애는 튀르키예에서 태어난 터라 우리처럼 아르헨티나 국적을 가질 수 없었다. 한편, 튀르키예 당국은 어머니가 임신한 상태에서 자기네 영토로 왔기 때문에 여동생에게 튀르키예 국적을 부여할 수 없다고 했다. 여동생과 관련한 이 법적 공백이 우리가 프랑스로 돌아가는 데 걸림돌이 되었다. 그때 나는 '서류'라는 단어의 의미를 확실히 알았다. 합법적으로 한 나라에서 다른 나라로 이동하려면 신원을 입증하는 자료가 반드시 필요하다. 그런데 우리 가족처럼 수십 년 동안 이 나라에서 저 나라로 쫓겨 다닌 사람들은 그런 자료를 손에 넣기가 너무도 힘들다. 나의 어린 시절을 언급하는 이유는, 튀르키예에서 얻은 다음 두 가지 깨달음이 평생 나의 저항 행위를 지배하고 좌우했기 때문이다. 첫째, 돈은 위력을 발휘하고 불의를 낳는다. 둘째, 신원을 입증하는 서류가 없는 사람은 아무 데도 갈 수 없다.

하던 얘기로 돌아가자. 나의 연락책들은 폴 선생과 보좌관, 혹은 피에로나 에르네스트처럼 하가나에서 항상 위험한 임무를 맡는 인물들이었다. 그들은 주로 수용자들을 탈주시켜 무사히 배에 태우는 역할을 했다. 수용소는 독일, 오스트리아, 폴란드에 흩어져 있었다. 수용소 하나를 한 번에 다 비울 수는 없었다. 보통 서른 명씩 빼내어 포장 덮개를 씌운 트럭에 태우기를 반복했고, 한 번에 배에 태울 수 있는 인원은 500~800명이었다. 알리야의 점 조직들이 수용소에 잠입해 퇴소 및 아동 가족 재편 부서(SERE) 직원들과 손발을 맞추었다. SERE는 국가에 등록된 단체였으므로 의심을 피할 수 있었다.

  나는 수용소에서 탈주한 이들을 위해 가짜 단체 비자를 만들었다. 관광비자 하나로 서른 명에서 쉰 명, 경우에 따라 100명까지도 입국이 가능했다.

  어느 나라에서 발행한 비자를 만드느냐는 수용자 집단이 어느 나라 말을 쓰느냐에 달렸다. 그리고 내가 만드는 비자를 사용할 입국자 명단에 있는 이름은 전부 가짜였다. 그러니까 사람들은 막판에, 떠나기 직전에야 자신이 쓸 가명을 전달받았다. 여간 어려운 일이 아니었다. 백서에 따르면 여전히 이민은 금지돼 있었으므로 우리 배가 영국 정보부의 의심을 사서는 안 되었다. 그래서 이 불법 이주는 항상 학생들의 방학 캠프나 어른들의 단체 관광 같은 모양새를 취해야 했다. 최종 목적지가 서류에 노출되어서는 안 되었다. 관광객들의 출신지가 모두 같아도 의심을 살 수 있었으므로 가짜 출신을 뒷받침할 자질구레한 자료들, 이를테면 열차표라든가 여러 나라의 세관 스탬프도 위조해야 했다.

유럽 대륙을 가로지르는 이 탈주를 책임지고 이끄는 사람들의 위조 서류도 만들어야 했다. 그들은 트럭을 몰고 국경도 넘어야 했기 때문에 운전면허증, 여권, 비자가 다 필요했다. 또한 인간 화물을 적재하는 항구에서 정박 허가가 나온다는 보장이 없었기 때문에 선박 승무원들도 위조 서류가 필요했다. 대부분 행선지를 남아메리카로 적어 냈다가 일단 배가 무사히 뜨고 나면 팔레스타인으로 방향을 틀었다. 하지만 나는 원래 가려던 항구로 가는 배가 많지 않다는 것을 잘 알고 있었다. 영국이 위임통치를 하던 팔레스타인 영해에 배가 들어가면 즉시 영국 군함들이 통행을 막고 키프로스섬으로 인도했다. 유대인들은 또다시 키프로스의 난민 수용소에서 결코 오지 않는 비자를 기다려야 했다. 하지만 키프로스까지만 가도 절반의 성공이었다. 독일이나 폴란드가 아닌 게 어딘가. 그들이 바라는 목적지에 훨씬 가까워진 것이다.

본격적으로 작업을 개시하자 샤랑통 거리의 열악한 주거 환경이

걸림돌이 되었다. 조직에서 팡테옹 근처 에코스 거리 2번지에 새로운 거처를 마련해줬다. 나는 즉시 6부서와 정보부에서 사용했던 모든 장비를 옮겨놓았고 레지스탕스의 옛 작업실에서 입수한 장비들로 보충했다. 흰색 페인트로 하얗게 칠한 꽤 넓은 공간을 마음대로 사용해도 되었고 수도, 전기, 가스도 쓸 수 있었다. 긴급 지출을 위해 조성된 기금이 있다는 거야 알았지만 정확한 사정은 모르고 내 소관도 아니었다. 나는 돈 얘기에 늘 반감을 느꼈다. 다만, 피에로가 차린 유령 무역 회사들에서 약간의 보수를 주는 것으로 알고 있었다. 나는 이렇게 받은 돈으로 작업에 필요한 비용을 대고 싸구려 식당에서 끼니를 때울 수 있었다. 식량 배급 카드가 없는 사람은 나밖에 없었기 때문이다.

그리하여, 믿을 수 없겠지만, 프랑스 군대에서 그렇게 많은 일을 했던 나는 다시 불법 문서 위조범이 되었다. 보수는 현금으로만 받았고 내 이름은 어떤 등록대장에도 올라가 있지 않았다. 실은 나도 비밀 정보부에서 나온 후 신분증을 취득하려고 했다. 내가 가진 것은 무효가 된 군인 신분증과 1942년 도청에서 받은, '유대인'이라는 글자가 대각선으로 찍힌 수령증뿐이었다. 경찰서에 갔더니 다들 그런 문서는 모른다고 했다. 자신의 신원과 현 상태에 대한 신고 절차는 해방 1년 만에 완료되었다나. 나만 세상이 어떻게 돌아가는지도 모르고 살았던 모양이다. 수사관은 나를 수상한 사람 취급했다. "조만간 아르헨티나 국적을 증명할 서류를 제출하지 않으면 당신을 불법체류자로 볼 수밖에 없습니다." 아르헨티나 출생증명서는 겨우 받아서 제출했지만 프랑스 체류증을 얻으려면 고정된 직장이 있어야 했다. 내 서류에는 '격리'라는 스탬프가 찍혔고 보름 안에 모든 서류를 갖추어 다시 오지 않으면 아르헨티나로 강제 추방될 상황이었다.

'격리' 스탬프가 찍히는 순간, 어릴 적 부모님이 체류증을 갱신하기 위해 주기적으로 당국에 제출해야 했던 온갖 서류와 복잡한 절차가 떠올랐다. 우리 가족은 늘 또 강제로 추방당하는 게 아닌가 하는 두려움에 떨었다. 그래도 당시에는 모든 증명, 서류 제출, 체류 연장 요청을 피곤한 일 정도로만 생각했다. 이번에는 나를 추방하겠다는 위협이 모욕처럼 느껴졌다. 해방을 위해 레지스탕스에 들어갔고 나의 소국이라고 생각한 국가의 영광을 위해 일한 나를 이 나라 정부가 추방할 수도 있다니, 참으로 분했다. 알리야 베트에 합류하면서 맨 먼저 만든 위조 서류는 나를 위한 것이었다. 6부서에서도, DGER에서도 그건 일종의 의례였다. 다시 문서위조 일로 돌아간다? 쉬운 결정은 아니었다. 나는 첫 번째 위조 작업을 똑똑히 기억하고 있었다. 당시에는 그래야만 하는 이유가 있었다. 법을 지킬 수 없는, 지켜서는 안 될 상황이었다. 하지만 그로 인하여 돌이킬 수 없이 불법의 세계로 넘어간 것은 아닐까? 나는 항상 나의 지식과 기술이 오로지 정당한 명분에 따라 쓰이기를 바랐다. 나의 도덕관과 윤리의식에 어긋나는 일은 하지 않으려고 신경을 썼다. 하지만 또다시 법의 테두리에서 벗어났다. 처음으로 서류를 위조한 날부터 일종의 연쇄 작용에 말려들어 영영 벗어날 수 없게 된 것일까.

그날은 에르네스트가 아침 댓바람부터 무기가 든 캔버스백과 슈트케이스를 들고 서류를 가지러 왔다. 경기관총, 스텐 기관단총, 권총, 어마어마한 양의 탄창과 탄약통, 플라스틱 폭약을 나에게 맡기고는 필요할 때까지 보관해달라고 했다. 필요할 때? 나는 무슨 뜻인지 몰랐다. 에르네스트는 전쟁 때와 마찬가지로 오만하고 당당했다. 일 처리가 뛰어나고 충성심도 확실했지만 예측할 수 없는 인물이었다. 무슨 일을 꾸미는지 알 수가 없었고 늘 동시에 여러 계획을 세우고 있는 것처럼 보였다. 에르네스트와 나는 각자의 임무에 대해 절대로 묻지 않았다. 나는 무기로 가득한 가방을 보고도 아무 말도 하지 않았다. 밤을 새워 골치 아픈 브라질 비자를 완성한 참이어서 빨리 아침을 먹고 폴 선생에게 물건을 넘겨야겠다는 생각밖에 없었다.

우리는 함께 카페에 가서 타르틴을 먹었고 에르네스트가 나를 하가나 사무실까지 태워다 주었다. 폴 선생은 우리를 따로 불러서 새로운 임무를 주었다. 나는 마다가스카르 비자, 선장에게 주어야 할 서류, 승선표를 내일까지 만들어 오라는 지시를 받았다. 쉴 시간도 없었다. 엑소더스호가 임무 완수에 실패한 이후로는 사정이 늘 이랬다.

엑소더스호. 하가나가 알리야 베트를 위해 추진했던 총력전. 이 미국 배에 처음으로 난민을 수백 명 수준이 아니라 수천 명을 태웠다. 난민 5000여 명이 프랑스 남부 포르드부크에서 이 배에 몸을 실었다. 무슨 일이 있어도 봉쇄를 돌파하겠노라고, 절대로 키프로스로 끌려가지 않겠노라고 다짐했다.

하지만 엑소더스호의 작전은 실패했고 승객들은 영국의 감옥선을 타고 승선 장소로 강제 인도되었다. 이 소식을 들은 조직의 주요 인사들은 협력자들을 대동하고 평화로운 소도시 포르드부크로 내려갔다. 나도 그중 하나였다.

혹서의 여름, 목이 말랐다. 갑자기 사람이 확 늘어난 도시는 느리게 돌아갔다. 해변과 골목에 사람이 가득 찼다. 사거리를 지닐 때마다 친구들을, EIF의 옛 동지들을 마주쳤다. 멀리서 배들이 다가오고 있었다. 항구가 기사들로 미이디졌다. 경찰도 쫙 깔렸다. 우리 모두 기다렸다. 그날이 그날 같은 날들이 이어졌다. 해변, 시위, 산책. 그리고 다시 해변, 시위, 산책. 어두운 작업실에서 수행하는 고독한 일과에 비하면 휴가 같은 날들이었다. 내 친구들은 다 거기에 있었다. 모래밭이나 바다에서 볕에 그을린 모습으로 편하게 돌아다니는 친구들을 보면서 내가 별나다는 것을 알았다. 나는 스물한 살이었는데 수영도 할 줄 몰랐고 베르크플라주 여름 캠프에 갔던 여덟 살 때 이후로 바다를 처음 봤다. 하지만 나는 비행기를 조종할 줄 알았다. 하가나에서 조종 교육을 받았기 때문이다. 어떤 문서든 완벽하게 위조할 수 있었고, 폭탄도 만들 줄 알았고, 어떤 기술적 어려움도 극복할 수 있었다. 그런 활동도 재미있었지만 즐거워하는 친구들을 보고 있노라니 나에게는 4년이 넘도록 개인 생활이 전무했다는 것을 실감했다.

해변, 카페, 호텔, 어디서나 어느 때나 우리는 미래의 국가에 대해 이야기했다. 포르드부크에서 피어난 형제애가 그 국가에서 구현되기를, 우리가 그 국가의 설계자가 되기를, 그 국가가 자유와 평등의 본보기가 되기를 바랐다. 하루빨리 그 국가에서 살고 싶어서 조바심이 났다. 그때까지 시온주의는 나와 상관없다고 생각했던 나조차도 유대인들이 박해받지 않고 사는 국가를 꿈꾸기 시작했다. 유대인이 늘 쫓겨야 하는 신세라면 그들이 합법적으로 살 수 있는 나라, 법과 여론이 출신 국가·국적·종교·인종에 상관없이 개인을 보호하는 나라가 있어야 하는 것 아닌가. 수백 년 박해의 상처를 치유하기 위해서라도 그런 나라를 세워야 했다. 우리는 엑소더스호의 싸움이 승리를 눈앞에 둔 마지막 투쟁이라고 믿고 싶었다. 엑소더스호 사건으로 영국과 프랑스는 외교 마찰을 빚었다. 프랑스는 난민들의 하선을 거부했다. 영국 측은 심기가 상했던 모양이다. 유럽 각지의 난민 수용소에서 14만 난민이 연대의 뜻으로 단식 투쟁을 하고 언론이 움직이기 시작하자 여론도 우리에게 우호적으로 흘러갔다. 나는 철석같이 믿었다. 영국도 이제 두 손을 들 거라고. 동지들과 우리는 굳게 연대하고 정신을 바짝 차렸다. 드디어 우리가 유대 민족국가의 주춧돌을 놓는다고 생각하니 행복하고 흥분됐다. 그랬다, 정말로 역사적인 일이 벌어지고 있었다.

그러나 일주일 후 우리는 현실을 직시하게 되었다. 아무 일도 일어나지 않았다. 사태는 지지부진한데 우리가 출항시켜야 할 배들은 많이도 남아 있었다. 해변도, 희망도 이제 안녕이었다. 조직에서 새로운 지시가 내려왔다. 알리야 베트와 협력하여 이 시련에서 살아남은 자들을 우선 배에 태워 보내라고. 그건 내가 할 일이 두 배로 늘었다는 뜻이었다. 조직은 이렇게 된 이상 키프로스 수용소를 포화 상태로 만들어 영국을 압박하기로 했다.

내가 이따금 자신에게 허용하는 유일한 휴식은 자크 라자루스, 일명 '자켈 선장'과 그의 친구들을 보러 가는 것이었다. 그날은 에르네스트가 자기 집에서 저녁을 먹는데 나도 오라고 했다. 라자루스는 원래 식입군인이었는데 페탱[20] 장군에게 파면당한 후 마키를 조직했고 나중에는 OJC에서 활동했다. 그는 에르네스트와 함께 호송대에서 탈출한 사람 중 한 명이었다. 나 자신이 '참전용사'라고 생각하지는 않았지만 친구들을 볼 겸 종종 모임에 나갔다. 그들 대부분은 어떤 식으로든 불법 이주를 돕고 있었고 내가 하가나에서 일한다는 것도 알았다.

    에르네스트가 나를 태우러 왔다. 종종 이지도르라는 조직원을 데려와서 아주 신경에 거슬렸다. 피에로와 에르네스트 외에는

---

20 1차대전 때 베르됭에서 독일의 공세를 막아내 프랑스의 영웅이 되었으나 2차대전 때는 나치에 협력해 비시 정부를 이끌었으며 전후에 민족의 반역자로 심판받았다.(옮긴이)

아무도 작업실 위치를 알아선 안 된다고 내가 몇 번이나 말했던 가? 에르네스트는 정말 제멋대로였다. 아침에는 무기를 잔뜩 맡기더니 저녁에는 동행인을 데리고 오다니, 하루에 두 번이나 참아주기는 힘들었다. 나도 화가 났다 하면 성질 더럽다는 소리를 들을 정도였고, 열이 뻗쳐 차에 타지 않으려고 했다. 에르네스트는 나를 안심시키면서 며칠 내에 자기 '물건'을 도로 가져가겠다고 했다.

거의 모든 사람이 라자루스의 초대에 응했다. 과거 6부서에 몸담았던 기린의 누나 에티는 마르크스주의 조직에서 왕성하게 활동하고 있었는데, 그날 저녁 나와 둘이서 얘기할 기회를 여러 차례 노렸다. 에르네스트, 피에로, 이지도르가 내 쪽으로 다가오면 얼른 다른 방으로 피했다. 그러다 내가 인사를 남기고 귀가하려 했더니 얼른 외투를 챙겨 들고 손님들 사이를 빠져나와 계단을 내려왔다.

"굉장한 일을 하고 있다는 거 알아. 혹시 영국인들과 맞서 싸우는 사람들 도와줄 의향 있어?"

"누구를 말하는 거야?"

"스턴그룹." 그녀가 속삭였다.

스턴그룹에 대해서는 나도 들어봤다. 그들은 영국군이나 경찰에 대한 테러도 서슴지 않았으며 극우민족주의와 '사회주의혁명' 이데올로기를 결합한 이론에 기반해 팔레스타인 해방을 꿈꾸었다. 또한 팔레스타인의 아랍인을 적으로 보지 않고 함께 영국 제국주의에 맞서 싸울 수도 있는 잠재적 우군으로 보았다. 반면 하가나는 스턴그룹의 테러 행위를 강하게 비판했고 영국과 협상하여 문제를 해결하려고 했다. 심지어 스턴그룹의 테러리스트들을 영국에 넘기는 것도 주저하지 않았고 영국은 그들을 교수형에 처했다. 에티가 하가나의 동료들 앞에서 입도 벙긋하지 않은 것은 당연했다.

에티는 집까지 따라왔고 내 입에서 스턴그룹 책임자들을 한번 만나보겠다는 말을 들을 때까지 막무가내로 버텼다.

며칠 후 프랑스 스턴그룹 사람들 네 명을 만났다. 에티는 헝가리 레지스탕스 출신이라는 티보르 로젠비기, 일명 '볼테르'를 소개했다. 키가 크고 우아하며 교양과 카리스마가 느껴지는 사람이었다. 고전음악과 문학을 좋아하고 여러 나라 말을 유창하게 구사했다. 그는 스턴그룹 내에도 여러 경향이 있고 자신은 극단주의자들과는 완전히 다르다고 설명했다. 하지만 하가나가 영국과 전쟁을 벌이면서 스턴그룹 사람들을 넘겨주는 식으로 협력하는 것은 말이 안 된다고 비판했다. 그는 자기 입장을 분명히 밝혔다. 영국인들을 신속하게, 테러를 가하든, 함정에 빠뜨리든, 일단 몰아내야 한다는 것이었다. 스턴그룹에 속한 이들은 대부분 수배 중이었다. 그래서 자유롭게 이동하고 체포와 처형을 피하려면 위조문서가 필요했다. 하지만 그게 다가 아니었다. 티보르는 헝가리 레지스탕스 시절의 동지들을 불법 이주시키기 위해서도 위조 서류가 필요하다고 했다. 그가 팔레스타인에 유대인과 아랍인이 함께하는 당이 존재한다고 말해주었을 때 나는 마음을 빼앗겼다. 나도 티보르처럼 팔레스타인이 영국에서 해방되고 유대인과 아랍인이 공존하기를 꿈꾸는 사람이었으니까. 우리는 긴 대화를 통해 친구가 되었지만 나는 결코 테러에 동조할 수 없었다. 게다가 하가나를 위해 일하는 동시에 스턴그룹 일을 하는 것은 너무 위험했다. 두 집단은 궁극적 목표는 같을지 몰라도 사실상 적대관계에 있었다. 하지만 스턴그룹에 속한 지명수배자들은 (그들이 무슨 일을 저질렀는지는 모르지만) 목숨이 위험했고, 영국인들은 절대로 그들을 봐주지 않을 터였다. 잡히면 교수형을 피할 수 없었다. 나는 티보르가 문서 위조 작업실을 차리는 것을 도와주기로, 위조 전문가를 구할 때까지만 급한 불을 꺼주기로 약속했다. 게다가 이미 염두에 둔 사람도 있었다. 그래서 내가 따로 가르칠 필요가 없는 그 사람을 급히 수소문했다.

수지는 여전히 미대에 다니고 있었고 집 주소도 바뀌지 않아 쉽게 찾을 수 있었다. 나는 함께 점심을 먹자고 했다. 내가 자초지종을 설명하고 양쪽 모두를 위해 일할 수 없는 사정을 밝히자 탁자 아래서 발장단을 맞추며 눈을 반짝이던 그녀의 모습이 기억난다. 나는 두 조직을 위해서 일할 시간도 없었고 행여 폴 선생이나 에르네스트 귀에 말이 들어갔다가는 스턴그룹 요원들도 경을 칠 터였다. 수지는 내가 정식으로 요청을 하기도 전에 이렇게 말했다.

"내가 스턴그룹을 위해 일하고 싶어!"

그날부터 나는 르 클레르크 거리의 스턴그룹 작업실에 들러서 수지가 겪는 문제를 들여다보고 재빨리 에코스 거리로 돌아왔다. 물론 뒤를 밟는 사람이 없는지 조심, 또 조심했다.

모든 일이 완벽하게 흘러갔다. 나는 어느 쪽도 배신하지 않으면서 도움을 주었다. 스턴그룹이 폭발물 만드는 일을 맡기기 전까지는. 나는 여전히 테러 행위에 반대하는 입장이었다. 정확히 밝혀두자면, 내가 몸담았던 조직들에서 나는 단순한 위조범이 아니라 '기술자'로 통했다. 이송 바닥 궤짝이니 가방의 제작, 기록용 영상이나 사진 촬영을 비롯한 기술 차원의 문제들은 모두 내 소관이었다. 나는 에둘러 물어보다가 스턴그룹이 영국 외무부장관 어니스트 베빈[21]을 노리고 있다는 것을 알았다. 베빈은 팔레스타인에서 영국군이 철수하는 데 처음부터 반대했고, 유대인 난민 이주를 금지하는 백서를 옹호했다. 게다가 지나친 반유대주의 발언으로 물의를 일으킨 인물이었다.

나는 심각한 양심의 문제에 직면했다. 대상이 누구든 암살에 가담하고 싶지는 않았다. 아무리 적이라 해도 한 인간의 죽음에 나

---

21  영국 노동당 소속으로 외무장관을 지냈다. 강력한 반소, 반공 외교를 지휘했으며 북대서양조약기구 설립을 주도했다.(옮긴이)

의 책임이 있다고 생각되면 자신을 용서할 수 없을 것 같았다. 하지만 내가 거절하면 틀림없이 다른 사람이 그 일을 맡을 것이다.

**"그래서 어떻게 했는데요?"**

나는 수락했고, 베빈의 몸을 산산조각 낼 폭탄의 기폭 장치를 작동시키는 시계를 만들었다. 아브너라는 인물이 영국으로 건너가 폭탄을 터뜨릴 장소에 이 물건을 설치하기로 했다. 거사를 진행하기 전, 아브너가 르 클레르크 거리 작업실로 나를 찾아왔다. 스턴그룹에서도 가장 위험한 임무를 도맡는 요원이었다. 스턴그룹의 '에르네스트'라고나 할까. 아브너는 팔레스타인에서 건너올 때 매우 허접한 위조 여권을 소지하고 있었기 때문에 장시간 심문을 당하다가 겨우 빠져나왔다. 또다시 그러한 위험을 무릅쓰지 않으려고 나에게 완벽한 위조 여권 제작을 부탁하러 온 것이다. 아브너는 자기가 있던 지역에서는 키부츠와 주위의 베두인[22] 마을이 완벽하게 조화를 이루고 공존할 수 있었다 했다. 어쩌다 분쟁이 일어나도 마을 대표와 키부츠 대표가 만나서 서로 존중하며 대화로 해결했다고 했다. 나는 말만 들어도 좋았다. 그렇게 평화로운 이미지를 연상하니 나 역시 머나먼 약속의 땅으로 떠나

---

[22] 아라비아반도와 중동 일대에서 씨족사회를 형성해 유목하며 살아가는 아랍인.(옮긴이)

고 싶었다. 한참 시간이 지나 다시 만났을 때 아브너는 이스라엘 독립 전쟁으로 일대 베두인 사람들이 모두 쫓겨났다고, 안타까워하는 기색도 없이 얘기했다.

아브너는 물건을 받아서 설치 임무를 수행하고 팔레스타인으로 돌아갔다.

우리가 베빈의 사망 여부를 확인할 방법은 신문 보도밖에 없었다. 그러나 일주일이 지나도록 사망 보도는 나오지 않았고 베빈은 멀쩡히 살아서 내각 회의에 참석하고 있었다. 아브너는 왜 폭탄이 터지지 않았는지 오랫동안 의아했을 것이다. 그가 이 글을 읽는다면 비로소 알게 되리라. 내가 제작한 장치는 폭탄이 터질 수 없게 설계되어 있었고, 꼭 터뜨려야 한다면 플라스틱을 제거하고 퍼티[23]를 장착해야 했다. 우군이든 적군이든, 나는 목숨 하나를 살렸다. 왜 폭탄이 터지지 않았느냐고 추궁하는 사람은 아무도 없었다. 스턴그룹이 나를 의심했다 해도 신경 쓰지 않는다. 순전히 전략적인 관점에서 보더라도 테러는 이후의 협상에 걸림돌이 될 뿐이다. 더욱이 우리는 이미 외교전에서 승기를 굳히고 있었다. 유엔의 1947년 11월 결의안[24]이 나오자 우리는 한층 더 임무 수행에 박차를 가했다. 유엔은 처음부터 두 가지 방안 중 하

---

23 탄산칼슘 분말, 돌가루, 산화아연 등을 보일유, 유성니스, 래커와 같은 전색제 展色劑로 개어서 만든 반죽.(옮긴이)

나를 선택해야만 했다. 팔레스타인에 두 개의 국가―유대 국가와 아랍 국가―를 두든가, 하나의 국가 안에서 각자 국적을 지니고 함께 살게 하든가. 어떤 체제가 들어서든 영국은 철수해야 했다. 개인적으로 나는 두 번째 안을 지지했다. 세속성, 즉 정교분리를 공존의 접합제로 삼아 유대인과 아랍인이 더불어 살 수 있으리라 생각했다. 자신의 종교에 충실하되 타인에게 자기네 율법을 강요하지 않으면 되지 않겠는가. 지나친 이상주의라고? 맞다, 나는 공상주의자에 가까운 이상주의자였고 지금까지 이런 점은 변하지 않았다.

마침내 유엔이 팔레스타인을 유대인 구역과 아랍인 구역으로 분할하기로 결정했다. 익히 알다시피 그날이 1948년 5월 14일이다. 그동안 팔레스타인을 위임통치하던 영국은 두 국가의 설립과 동시에 철수하게 되었다. 내가 바라던 결말과 정확히 일치하지는 않았지만 그것만 해도 커다란 승리였다.

1948년 5월 14일, 유엔 결의안대로 다비드 벤 구리온이 유대

---

24 1947년 11월 29일, 유엔은 총회를 열어 당시 영국 위임통치령이었던 팔레스타인 영토를 유대 국가(이스라엘)와 아랍 국가(팔레스타인)로 나누는 결의안 181호를 가결한다. 영국이 제안한 이 결의안은 아랍권의 강력한 반대에도 불구하고 찬성 33대 반대 13(기권 10, 불참 1)으로 통과된다. 골자는, 19세기 말부터 팔레스타인으로 이주한 유대인에게 2만 6320제곱킬로미터에 달하는 팔레스타인 영토의 56퍼센트를 주고 나머지 44퍼센트를 아랍 민족에게 배분하는 것이었다. 1947년 기준 유대 민족은 약 60만 명으로 아랍 민족의 절반에 지나지 않았지만 유엔 결의안으로 더 넓은 영토를 차지하게 된다.(옮긴이)

인 구역에서 이스라엘 건국을 선언하자 곧바로 이집트, 요르단, 시리아, 레바논이 이 신생 국가를 공격했다. 중동 전쟁이 일어난 것이다. 이 무렵, 동지들은 대부분 건국에 참여하기 위해 팔레스타인으로 건너가 있었다. 폴 선생은 내게 익숙한 이들의 사진이 든 봉투를 건넸고 나는 그들을 위해 여권과 비자를 위조해야 했다. 그러던 어느 날 봉투 속에서 에르네스트의 사진을 보았을 때, 이제 내게 맡겨둔 무기를 찾으러 올 일은 없겠구나 직감했다. 나 역시 이곳 일이 마무리되면 팔레스타인으로 떠날 작정이었다. 그러나 몇 달 사이에 마음이 바뀌었다.

  팔레스타인에서 전쟁이 일어났다는 소식을 들으니 죽도록 괴로웠다. 한쪽이 승진가를 부를 때 다른 쪽은 피눈물을 흘리는 상황이 이어졌고 나는 지독한 환멸과 '다민족 단일국가'의 꿈 사이에서 이러지도 저러지도 못했다. 내가 꿈꾸었던 국가는 연대주의, 공동체주의, 그리고 무엇보다 세속주의에 기반을 둔 국가였다. 나는 신생 이스라엘이 국교와 개인주의를 채택했다는 사실을 참을 수 없었다. 이야말로 내가 가장 혐오하는 국가의 모습이었다. 국교를 정하면 일단 국민이 유대교인과 비유대교인으로 갈라진다. 우리가 2년 동안 추구한 이상이 무너진다면 영국인들과 싸워 이겼다 한들 무슨 의미가 있나? 내가 허탈한 심정으로 이런 이야기를 털어놓아도 아무도 공감해주지 않았다. 우리 조직에서 유대교인이 아닌 사람은 나밖에 없었기 때문이다.

**"후회한다는 뜻인가요?"**

아니, 그런 뜻은 아니다. 나는 유대인 난민 수만 명의 불법 이민에 도움을 주고 이스라엘 건국에 이바지했다는 사실을 자랑스럽게 여긴다. 하지만 폴 선생에게 전화를 걸어 나는 팔레스타인으로 가지 않겠다는 뜻을 밝혔다. 세속주의를 채택하고 세계인권선언을 공포한 국가—비록 이 선언이 늘 지켜지지는 않았을지라도, 내가 여기서 불법체류자 신분으로 살아야 할지라도—가 더 좋다고 말했다. 폴 선생은 내 말에 분노한 눈치였으나 어쨌든 나는 유대군대에 충성을 맹세한 적도, 신세를 진 적도 없었다. 나만 빼고 모두 팔레스타인으로 건너갔다. 나는 그들을 다시는 보지 못했다. 하지만 그들은 꽤 오래 나를 기다렸을 것이다.

당시 19세이던 아돌포 카민스키.
1944년 사진제판 작업실에서 찍은 자화상.

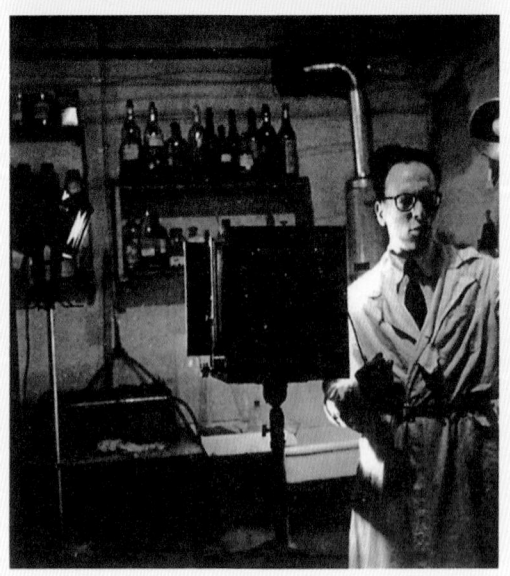

MLN '6부서'의 화학 작업실. 1944년 자코브 거리 21번지. ▲
하가나의 서류 위조 작업실에서 찍은 자화상. 1947년 에코스 거리. ▼

1948년 퐁텐블로 숲에서 찍은 자화상.
강제 수용을 연상시키는 배경을 설정하고 촬영했다.

죄뇌르 거리 서류 위조 작업실의 사진 현상 및 화학 실험실. 1958년.▲
영사기와 크랭크 핸들이 달린 평판인쇄기. 1958년 죄뇌르 거리.▼

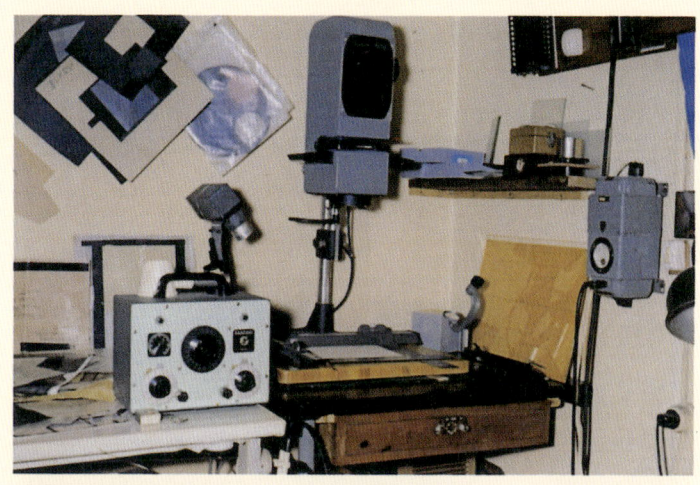

죄뇌르 거리 작업실의 확대 및 인쇄 작업실. 1960년. ▲
죄뇌르 거리 작업실에 있는 아돌포 카민스키. 1960년. ▼

프랑시스 장송이 사용한 위조 서류들.
벨기에 신분증 두 장과 모로코 여권.

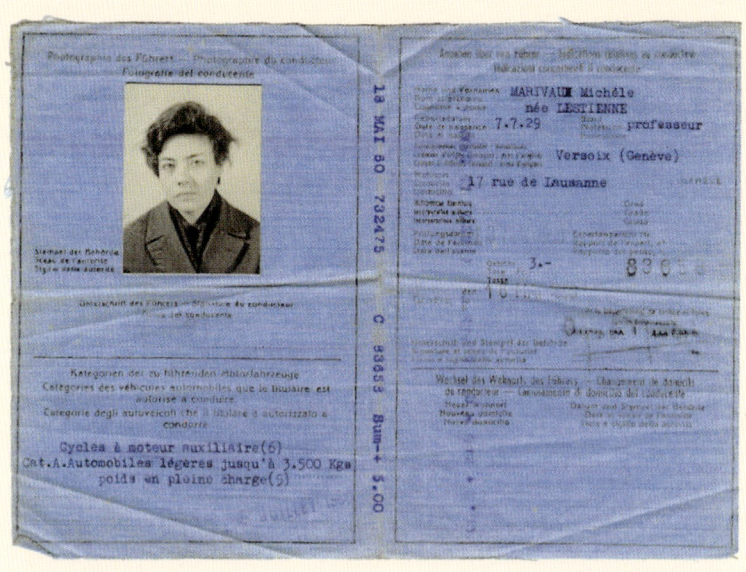

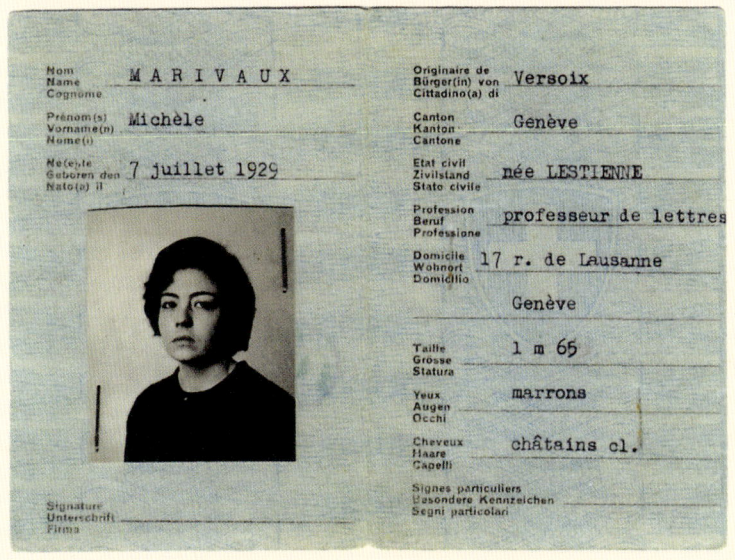

1961년 탈옥한 엘렌 퀴에나의 위조 서류들.
스위스 운전면허증▲ 스위스 신분증.▼

아돌포 카민스키 모습
(2009년 이 책 출간 당시).

# 7

1961년 2월.

 "로케트 교도소에 수감 중이던 여성 여섯 명이 지난밤 탈주했습니다. 세 명은 프랑스인, 두 명은 알제리 출신의 이슬람교도 프랑스인, 나머지 한 명은 이집트인으로 모두 알제리 FLN을 지원하는 조직들의 요원입니다. 이들은 한밤중에 교도소 벽을 타 넘어 도주했으며……"

 일주일 전, 라디오 프랑스의 앵커 앵테르의 코맹맹이 소리를 통해 로케트 교도소의 여성 동지들, '여친들'의 탈출 정황을 자세히 들었다. 감탄 어린 미소가 절로 지어졌다. 얼마 전부터 우리 얘기가 심심찮게 들렸다. 우리에 대한 호감도에 따라서 "알제리인들을 지원하는 프랑스인들" "짐 가방을 운반하는 자들" "북아프리카 놈들의 하수인" 등으로 호칭은 달라졌지만 말이다. 특히 경찰관 나리들은 우리에게 관심이 많았다. 지난 몇 달은 상당히 힘들었다. 동지들이 연달아 체포되면서 장송 네트워크[25]가 붕괴되었고 앙리 퀴리엘[26]까지 잡혀 들어갔다. 나처럼 꼬리를 잡힌 적 없는 동지들도 밤마다 잠을 이루지 못했다. 불안, 도취, 눈코 뜰 새 없이 바쁜 낮과 지나치게 짧은 밤이 벌써 3년째 이어지고 있었다. 실은 매시간을 완전히 불사르며 사는 데 익숙해져서 이게 정상인 것 같기도 했다.

나는 매일 아침 요청받은 사안들을 정리했다. 나의 연락책 미셸 피르크, 일명 '자네트'가 내일 아침 FLN 프랑스 연맹을 위한 벨기에 세트―신분증, 여권, 운전면허증까지 한 세트다―여섯 개와 스위스 세트 네 개를 가지러 올 텐데 아직 절반밖에 완성하지 못했다. 어제는 예기치 않게 롤랑 뒤마가 찾아와서 여전히 숨어 있는 프랑시스 장송의 소식을 들려주었다. 궐석재판의 여파로 유명인이 되어버린 프랑시스는 현재 프랑스 당국이 혈안이 되어 찾고 있는 인물 중 하나였다.[27] 롤랑은 서로 다른 사진 세 장을 주면서 프랑시스가 도주 생활을 계속할 수 있도록 프랑스 '세트'를 만들어달라고 했다. 나는 프랑코 정권[28]의 경찰에게 쫓

---

25  FLN을 지원한 최초의 프랑스인 조직으로서, 설립자 프랑시스 장송의 이름을 따서 장송 네트워크라고 불렀다.
26  장송 네트워크가 붕괴하자 이를 이어받아 FLN을 지원한 이집트계 유대인 공산주의자.
27  장송 네트워크에 대한 재판은 1960년 9월에 열렸다. 여섯 명의 알제리인과 열일곱 명의 프랑스인이 FLN을 지원한 혐의로 고발당했다.

기고 있는 바스크 혁명가들을 위한 스페인 여권들도 아직 못 만들고 있었다. 그들은 좀 더 기다려야 할 터였다. 오늘 가장 급한 일은 이제 막 감옥에서 탈출한 여성 동지들에게 챙겨줄 물건을 만드는 것이었다.

나는 외투, 장갑, 스카프를 착용하고 목에 롤라이플렉스 끈을 걸었다. 엘렌 퀴에나는 라탱 지구에 숨어 있었다. 여기서 지척이니 걸어가면 된다. 바람이 많이 불었다. 낮게 뜬 겨울 해가 드리우는 노란빛, 주황빛 때문에 행인들의 눈동자 색과 안색이 밝아 보였다.

세련되고 오래된 석조 건물 안으로 들어갔다. 로비는 대리석과 거울로 꾸며져 있었고 거대한 나선형 계단에는 색감이 풍부한 카펫이 깔려 있었다.

나는 6층으로 올라가 왼쪽에 보이는 문을 노크했다.

"아, 조제프! 만나서 반가워요!" 엘렌이 외쳤다.

"나도 반가워요."

"들어와요, 얼른. 여기 앉아요."

내가 거실에 둥글게 놓여 있던 야트막한 의자에 앉자 엘렌은 머리칼을 흔들면서 잡지 모델 같은 포즈를 취했다.

---

28 1936년 스페인에서 선거로 집권한 공화주의 정부를 무너뜨리고 권력을 잡은 파시스트 정권. 바스크는 스페인의 네 개 지방 중 하나로, 프랑코 정권의 가혹한 박해를 받아 망명정부를 수립하고 무장 투쟁을 벌인 바 있다. (옮긴이)

"어때요, 조제프? 내 빨간 머리 괜찮아요? 어떻게 보이는지 말해줄래요?"

그녀는 웃음을 터뜨리면서 자리에 앉았다.

"아, 정말이지 지루할 틈이 없네요. 이런 모험을 할 줄이야! 하지만 성공은 확실치 않았죠. 우리가 담을 넘어가면 바로 태우고 달아나기로 했던 차가 그 자리에 없었다는 거 알아요?"

"알아요. 소식이 어지간히 빨라야지. 순찰차 때문에 이동할 수밖에 없었다더군요."

"아…… 어쨌든 탈출하긴 했어요. 두 그룹으로 갈라져서 택시를 탔죠. 생각해봐요, 자클린은 담을 타다가 신발을 잃어버렸고 우리는 모두 누더기만 걸치고 있었죠. 한밤중에 나타난 유령 같았을걸요!"

엘렌이 까르르 웃음을 터뜨리고 잠시 생각에 잠기듯 미소 지었다. 그러고는 붉은 머리를 손가락으로 쓸어 넘기고 다시 입을 열었다.

"스위스, 벨기에, 아니면 다른 어디라도 상관없어요. 여기 숨어 지내는 것도 지겨워요."

"그래서 내가 왔잖아요. 사진을 찍으려면 옷이 여러 벌 필요한데 준비가 돼 있나요? 전부 같은 날 찍은 것처럼 보여선 안 되니까요."

엘렌은 바닥에 옷을 늘어놓고 다락방에서 가장무도회 의상을 고르는 어린아이처럼 이 옷 저 옷 걸쳐보기 시작했다.

"알아요, 나도 안다고요. 스타일이 달라 보여야 한다는 거죠? 국경을 넘을 때는 비서가 입는 옷처럼 딱 떨어지는 정장이 있으면 좋을 텐데요. 이 블라우스 어때요? 내가 입으면 너무 꽉 낄 것 같은데. 바로 이런 옷이 필요해요!"

나는 선반에 놓인 물건들을 치우고 하얀 벽을 배경으로 엘렌이 앉을 수 있도록 의자를 가져다놓았다.

"다른 친구들도 봤어요?"

"여기 오기 전에 본 사람은 자클린뿐이에요."

"자클린은 좀 어때요?"

"엘렌과 마찬가지로 초조해하고 있어요. 고개를 오른쪽으로 살짝만 기울여봐요. 그렇죠. 신분증에 직업은 뭐라고 적어줄까요?"

"교사."

"이름은?"

"마리보 미셸. 이 이름이 좋아요."

"턱을 조금만 들어보세요. 그래요, 잘했어요. 이제 다른 옷 입고 와요."

사진 촬영은 계속됐다. 어느덧 돌아갈 때가 됐는데 작별 인사를 주고받으려니 마음이 무거웠다. 엘렌이 점심을 먹고 가라고 했지만 나는 일어섰다.

"다음에 기회 되면요. 오늘은 할 일이 너무 많네요."

"아, 그렇겠네요. 하지만 어차피 바쁘지 않은 날이 없잖아요?"

우리는 여느 때처럼 뺨을 맞대고 인사를 나누었다. 다시 볼 때까지 며칠, 몇 달, 몇 년이 걸릴지는 늘 알 수 없었다. 일단 서류가 완성되면 그걸 전달하는 사람은 내가 아닐 테니까.

작업실에 돌아왔더니 또 다른 임무가 기다리고 있었다. 나는 롤라이플렉스를 암실에 두고 복도를 따라 기계 구역으로 갔다. 나의 '공식' 고객을 위해 큰 판형의 사진을 뽑을 때 필요한 부피가 큰 기기와 장비들을 설치한 구역이다. 오른쪽 방, 문구와 사진 장비를 두는 선반 아래쪽에 나의 트렁크 가방 두 개가 놓여 있었다. 엄밀히 말하자면 에르네스트의 가방들이지만. 나는 경기관총, 권총, 탄약통이 들어 있는 커다란 가방을 들고 끙끙대면서 다섯 개 층을 내려갔다. 오늘 이 무기들은 주인이 바뀔 것이다.

최근에 비밀군사조직(OAS)이라는 정치·군사 테러 단체가 탄생했다. 우리가 테러를 처음 당하는 것은 아니었다. 알제리를 프랑스령으로 유지하고 싶어 하는 점조직들은 처음부터 알제리에 우호적인 이들을 대상으로 테러를 저질렀다. 장송 재판이 진행되는 동안 우리 측 변호인 롤랑 뒤마, 모라드 우세디크, 자크 베르제스는 자동차 문을 열 때마다 식은땀을 흘려야 했다. 121인 선언[29]이 발표되고 나서 유명인사의 자택 혹은 자동차에서 플라스틱 폭탄이 터지는 사고도 여러 번 일어났다. 전에는 테러가 자신들의 소행이라고 밝히는 자가 없었던 반면, 이번에는 우리의 상대가 누구인지가 분명했다. 그들의 테러에는 특징이 있었다.

이민자들이 주로 사는 동네에서 테러가 점점 더 자주 일어났다. 알제리인들이 운영하는 바, 카페, 호텔, 작은 상점이 주로 테러 대상이었다.

FLN 프랑스 연맹 지도부는 독일과 벨기에에서 들여온 무기를 알제리인들에게 지원하기로 했다. 그들은 이 무기로 OAS의 테러에 맞설 수 있을 터였다. 나의 연락책 자네트가 무기를 운반할 것이다. 그녀는 바닥, 천장, 벽이 이중으로 되어 있는 트레일러를 몰고 다녔는데 비어 있는 공간은 전부 무기로 가득 차 있었다. 안타깝게도 차 내부를 위장하는 데 시간이 꽤 필요하다 보니 도착은 좀 늦어질 터였다.

그런데 좋은 생각이 났다. 비르에서 브랑쿠르 씨를 도울 때, 그러니까 드랑시 수용소로 끌려가기 전에 런던에서 낙하산으로 투하한 무기를 숨길 장소를 찾으러 다녔다. 사람 좋은 노인이 경작하는 밭 근처에 있는 거대한 나무 한 그루 밑에 굴을 깊이 파고 무기를 숨겼다. 우리 둘 말고는 아무도 모르는 일이었다. 브랑쿠르 씨는, 나중에 그분의 부인에게 들었는데, 해방 직후 인도차이나로 건너갔고 거기에서 사망했다.

---

29 121인 선언, 혹은 알제리 전쟁 불복종 권리 선언Déclaration sur le droit à l'insoumisson dans la guerre d'Algérie은 알제리 전쟁을 반대하는 프랑스의 지식인, 대학교수, 유명인 121명이 발표한 글이다. 이 선언은 장송 재판과 동시에 언론 매체에 발표되었기 때문에 더욱더 큰 반향을 일으켰다.

자네트에게 그 얘기를 하고 며칠이나 지났을까, 벨카셈 라니라는 알제리 청년이 찾아왔다. FLN 프랑스 연맹 소속이었다. 제2차 세계대전 당시의 무기 은닉처를 찾아 조직에 전달하는 것이 관건이었다. 어쨌든 발상 자체는 나쁘지 않았다. 우리는 그동안 아무도 무기를 건드리지 않았기만을 바랐다. 벨카셈과 함께 지체없이 비르로 떠났고 금세 그 장소를 찾아냈다. 밭이 있던 자리에는 거대한 현대식 건물이 들어서 있었다. 이제 막 지은 듯한 새하얀 건물이었다. 우리는 빈손으로 돌아왔다.

하지만 내게는 에르네스트의 무기가 남아 있었다. 어차피 나는 쓸 줄도 모르는 물건이었다. 12년 동안 여기저기 옮겨 다닐 때 짐만 되었던 물건이다. 그렇다고 맘대로 처분할 수도 없었다. 함부로 버릴 수도 없었다. 누가 발견해서 못된 짓에 쓰면 어떻게 하나. 줘버릴까? 누구에게? 무슨 이유로? 도적질이나 범죄에 쓰이지 않으리라는 보장이 있나? 지금까지는 차라리 내가 가지고 있는 편이 낫다고 생각했다. 하지만 친구들이 하나둘 경찰의 손에 넘어가는 지금, 내가 무기를 보관하는 것은 너무 위험했다. 일상적인 검색으로도 체포될 수 있었다. 위조범 활동을 숨기는 일은 차라리 쉬웠다. 사진제판업자나 사진가는 관련 장비를 갖추고 있어도 이상할 게 없다. 서류, 스탬프는 파기할 수 있고 아연판은 질산으로 녹이면 된다. 하지만 경기관총, 소총, 권총, 탄약통, 탄창, 500발이 넘는 9밀리 총탄, 플라스틱 폭탄, 기폭 장치라니, 이딴 걸 숨기기란 쉽지 않다.

나는 벨카셈에게 트렁크에 무엇이 담겨 있는지 알려줬다. 단, 너무 오래돼서 위험한 기폭 장치는 제외했다. 무게가 꽤 나갔기 때문에 이목을 끌지 않고 도보로 운반하려면 한 번에 15~20킬로그램씩만 옮기는 것이 좋을 듯했다. 첫날 벨카셈은 총탄이 가득 든 바구니를 들고 떠났다. 바구니가 어찌나 무거운지 그의 몸이 한쪽으로 기울어졌다. 도중에 골치 아픈 일이 생길까 봐 맨 위에는 로베르발 저울을 올려놓았다. 벨카셈은 무게가 더해져서 더 힘들었겠지만 적어도 그가 끙끙대는 모습이 자연스럽게 비치기는 했다. 벨카셈은 다음 날 다시 와서 같은 방법으로 무기를 날랐다.

셋째 날은 우리 둘 다 진략을 비꾸는 편이 낫겠다고 판단했다 평화로운 동네였지만 젊은 남자가 사흘이나 연달아 같은 장소에 찾아와 무거운 짐을 들고 떠나는 모양새가 수상해 보일 수 있었다. 더구나 다름 아닌 알제리인이라면 말이다. 당시 경찰은 모리스 파퐁[30]의 지휘하에 북아프리카인들을 집요하게 추적했다.

묵직한 가방을 들고 내려가 죄뇌르 거리를 따라 걷다가 상티에

---

30 파리 경찰청장을 지낸 프랑스의 관료. 제2차 세계대전 당시 비시 프랑스에 협조하며 유대인 추방에 앞장섰으며 종전 후에는 독립을 요구하는 알제리 사람들을 가혹하게 탄압하면서 여러 요직을 거쳤으나 나중에 나치에 부역한 사실이 발각되어 몰락했다.(옮긴이)

거리로 빠졌고 오른쪽으로 돌아 크루아상 거리로 들어갔다. 약속 장소는 빵집이었다. 다른 지시는 없었다. 문을 밀고 들어가자 작은 종이 울렸다. 내 앞에는 손님 세 명이 있었다. 나는 줄을 서서 바게트를 사기 위해 주머니를 뒤져 잔돈을 찾았다. 첫째 손님은 뚱뚱한 빵집 여자가 건네는 빵을 받아서 팔 아래 끼고 나갔다. 뒷문이 열리면서 밀가루투성이 제빵사가 얼굴을 내밀었다. 흰 모자를 쓰고, 나막신을 신고, 앞치마를 둘렀는데 바로 벨카셈이었다. 그렇게 변장을 하니 나도 못 알아볼 지경이었다.

"손님은 뭘 드릴까요?" 빵집 여자가 물었다.

"바게트 하나만 주세요."

빵집 여자가 잔돈을 세는 동안 벨카셈이 손짓을 하더니 채소가 잔뜩 든 바구니를 들고 빵집에서 나갔다. 나는 바게트를 받고는 빵집 여자에게 인사를 하고 나와 벨카셈을 따라갔다. 우리는 3미터 정도 간격을 두고 상티에 거리로 빠졌다가 오른쪽으로 방향을 틀어 생조제프 골목에 도착했다. 아무도 지나가지 않는 골목이다. 벨카셈은 걸음을 늦추었고 나는 걸음을 재촉했다. 우리는 서로 짐을 교환했다. 나는 몽마르트르 거리를 향해 오른쪽으로 쭉 걸어갔다. 벨카셈은 큰길을 피해 오던 길로 돌아갔다. 에르네스트의 무기는 이제 알제리 독립을 위해 쓰일 것이다.

# 8

"어쩌다 알제리인들을 돕게 된 거예요?"

짐작하겠지만 내가 뜬금없이 알제리인들을 돕는 조직에 들어간 것은 아니다. 장송 네트워크에 합류했을 즈음 이미 몇 년째 알제리 독립운동을 지원하고 있었다. 하지만 조직도 없고 연락책도 없이 혼자서 무슨 대단한 일을 할 수 있을까? 친구들과 카페에서 노닥거리면서 어떻게 해야 한다는 말이나 되풀이하지 않겠는가. 요컨대, 나는 그들을 돕고 싶었지만 방법을 몰랐다.

시간을 조금 거슬러 올라가 보자. 1948년에 동지들은 이스라엘로 이주했지만 나는 에코스 거리의 작업실을 그대로 두었다. 장비는 모두 거기 있었고 나는 달리 갈 데가 없었기 때문에 야전침대 하나를 펴놓고 몇 달간 먹고 자고 했다.

**"가족들은요?"**

전쟁으로 우리 가족은 산산이 흩어졌다. 각자 살 길을 찾아야 했다. 여동생은 이스라엘로 이주할 준비를 하고 있었다. 아버지와 형은 파리에 살았지만 자주 보고 지내는 편은 아니었다.

스물세 살의 나는 신분증도 없고 고정 소득도 없고 '공식적인' 과거도 없는 젊은이로서 오롯이 혼자였다. 사진을 찍거나 염색 일을 하면서 소소한 돈벌이는 하고 있었지만 나의 능력이나 포부에는 못 미치는 일이었다. 나는 졸업장이 없었고 그간 쌓아온 경력을 입증할 방법도 없었다.

친구들은 모두 떠났고 나는 고독을 잊기 위해 사진 연구에 몰두했다. 매일 밤 건물 옥상에 올라가 잠든 도시를 카메라에 담으면서 예술가로서 야심을 품게 되었다. 서류 위조 작업실은 이제 사진과 화학 실험실이 되었다. 나는 조금씩 삶의 낙을 찾기 시작했다.

한밤의 출사에 이따금 동행하는 친구가 있었다. 에르뱅 프레이스는 과거 MOI에서 나만큼이나 열심히 활동했던 헝가리인 친구다. 어느 날 에르뱅의 아내가 마련한 저녁 식사 자리에서 자닌이라는 젊고 예쁜 여대생을 처음 만났다. 그렇게 한 여인이 내 인생으로 들어왔다. 자닌은 폴란드계 유대인으로 가족을 모두 잃었다. 부모님이 자닌과 여동생을 독일인 가정에 하녀로 들여보내는 꾀를 냈고 덕분에 둘은 목숨을 구했다.

자닌과 나는 만난 지 몇 달 만에 결혼했다. 1950년에 딸 마르트가, 1년 후에는 아들 세르주가 태어났다. 하지만 우리의 결혼 생활이 무너지는 데는 2년이 채 걸리지 않았다. 너무 많은 오해가 우리의 사랑을 죽였다. 나는 사진 장비와 화학약품이 쌓여 있는 작업실의 야전침대 생활로 돌아갔다.

그후 몇 년은 불안정하게 살았다. 달리 설명할 말이 없다. 나는 주소, 직업, 여자 친구가 자주 바뀌었다. 사실 '정상적인' 삶으로 돌아가기가 쉽지 않았다. 전쟁으로 갑자기 중단된 어린 시절, 레지스탕스 투쟁, 내가 구할 수 없었던 사람들, 드랑시 수용소의 흔적은 결코 지워지지 않았다. 나는 과거의 악몽을 극복하지 못했고 너무 많은 얼굴이 나의 악몽 속에 살고 있었다.

직업인으로서 기복도 심했다. 결국은 사진 관련 회사에 취직했는데 주로 영화 촬영 세트에 쓰이는 초대형 사진 작업을 했다. 나는 간섭받지 않고 자유롭게 작업하되 영화감독이나 미술감독 들과 긴밀하게 손발을 맞춰야 했다. 18×24 와이드앵글 카메라[31]를 질질 끌고 다니며 촬영했고 필름을 현상하고 사진을 뽑아 촬영 스튜디오에 도배를 했다. 그런 일을 하다 보니 마르셀 카르네[32]의 영화에서 미술감독을 맡았던 알렉상드르 트로네르와 함께 작업

---

31 초점 거리가 짧거나 시야가 넓은 카메라로, 초점 거리가 더 긴 카메라로 촬영할 때보다 더 많은 물체를 촬영할 수 있다.(옮긴이)

하는 행운도 누렸다.

나의 기질은 판에 박힌 일상과 잘 맞지 않았다. 나는 그때그때 생겨나는 기술 문제를 해결하고 새로운 방법을 배우며 연구에 몰두하기를 좋아했다.

회사를 나와 독립했을 때, 초창기 고객 중에 건축가이자 도시 계획가인 아나톨 콥이 있다. 그는 위마니테 축제의 건물 파사드, 행사 매대, 진열창 등에 필요한 대형 사진을 의뢰했다. 파리 코뮌, 로맹 롤랑의 생애, 프랑스 북부 탄광 등 내가 흥미로워하는 주제들을 다루는 전시회용 사진들도 의뢰했다.

그후 나는 미술작품 복제 전문가가 되었다. 기술적 난이도가 높고 꼼꼼함이 요구되는 작업이라 내 취향에 잘 맞는 일이었다. 나는 남미 출신의 화가 친구들이 많았다. 기하학적 추상, 옵아트 분야에서 활발히 활동하는 키네틱 아티스트들도 나의 주요 고객이었다. 안타깝게도 오스발도 비가스, 야코프 아감, 제수 소토, 카르멜로 아르덴캥, 안아시스는 지금처럼 인정받는 예술가들이 아니었다. 그래서 외상값을 받지 못해도 눈감고 넘어가는 경우가 너무 많았다(거의 항상 그랬다).

1953년 여름과 1954년 여름, 콜레트와 함께 두 차례 알제리 여

---

32 프랑스 영화 특유의 우수에 차고 퇴폐적인 이미지를 빚어낸 시적 리얼리즘을 열었던 감독으로 프랑스 고전 영화를 대표하는 거장이다.(옮긴이)

행을 했다. 당시 여자 친구였던 콜레트도 사진 일을 했다. 그녀의 아버지는 그리스 출신의 자영업자로 이미 알제리에 정착한 지 오래였다. 그때가, 말하자면, 내 인생의 호시절이었다. 콜레트와 나는 작은 폐공장을 촬영 스튜디오 겸 생활공간으로 꾸며놓고 살았다. 요즘 말로 '로프트'라고 할까. 우리는 체인스토어의 실내장식, 진열창, 광고용 사진을 주로 찍었다. 이때는 고객층이 안정되어 있어서 정기적으로 주문을 소화하고 여름휴가를 갈 수 있었다. 콜레트는 여건이 되는 대로 아버지를 만나러 알제리에 갔는데 1953년과 1954년에는 내가 동행했던 것이다. 나는 알제리에서 식민지의 심각한 문제점들을 발견했다. 사람들의 '급'이 나뉘어 있다는 것을 실감할 수 있었다. 일단 '프랑스인'이 있고 '알제리 출신 이슬람교도 프랑스인(보통은 그냥 '아랍인'이라고 불렀지만 당시에는 이게 좀 더 예의를 갖춘 표현이었다)'이 있었다. 나는 공공연한 인종주의, 차별, 모욕을 목격했다. 알제리인들에게는 반말을 찍찍 갈기면서 프랑스인들은 '선생님'이라고 부르는 게 예사였다. 마음이 불편한 상황을 여러 번 겪다 보니 내가 백인이라는 사실이 부끄러웠다. 프랑스가 부끄러웠다.

  모두가 인종주의자라고 싸잡아 비난할 수는 없을 것이다. 실은 정말로 괜찮은 프랑스인도 많았다. 그들은 프랑스인과 '토착민'에게 평등한 시민권을 보장하기 위해 투쟁하고 있었다. 그들 덕에 프랑스인과 알제리인의 시민권이 같지 않다는 것을, 알제리인은 이등 시민 취급을 받는다는 사실을 알았다. 프랑스인은 투표권이 있지만 알제리 출신 이슬람교도 프랑스인은 투표권이 없었다. 나는 초등학교에서 알제리도 프랑스라고 배웠는데? 그렇다면 '시민의 평등'이라는 기치는 어떻게 되나.

문화적으로 한없이 풍부한 아름다운 나라 알제리가 내 눈에는 폭발 일보 직전의 압력솥처럼 보였다. 알제리에 사는 프랑스인 대다수는 알제리인들에 대한 멸시가 몸에 배어 있었다. 거의 노예를 대하는 주인 같은 태도는 이미 뿌리박힌 불화를 부채질할 뿐이었다. 콜레트와 나는 수도 알제의 풍경, 창살문 너머로 우리를 쳐다보는 아이들의 고운 얼굴을 카메라에 담았다. 그 사진들은 알제리의 아름다움과 더불어 심각성을 잘 보여준다.

1954년 11월 1일, 결국 알제리인들이 들고일어났다. 첫날 상황은 프랑스에서 거의 주목받지 못했다. 그냥 테러가 좀 일어났다고 생각하는 것 같았다. 하지만 나는 속지 않았다. 1945년 5월 8일, 독일군이 항복한 바로 그날, 알제리인들이 최초로 독립을 선언했다는 사실을 알고 있었으니까. 당시 언론은 알제리에서 민간인 수백 명이 학살당했다는 소식을 숨겼다. 알제리인들의 봉기는 이슬람 극단주의자, 반유대주의자, 반프랑스주의자 들이 패망한 나치 독일을 지지하며 일으킨 폭력 시위인 양 왜곡 보도되었다. 그때는 나도 그런 줄 알았다.

알다시피 수년 동안 알제리 '전쟁'을 입에 올린 사람은 아무도 없었다. 1955년에 최초로 재소집병[33]들이 떠나고 알제리 '평화

재건'이라는 선전 활동이 시작되자 비로소 나는 정신을 차렸고 걱정에 휩싸였다. 내 기억에 전쟁은 늘 이런 식으로 시작됐다. 정부가 현실을 호도하며 아무리 감추려 한들, 소용없는 일이었다. 전쟁을 일으킬 게 아니라면 왜 젊은 병사들을 알제리로 보낸단 말인가? 나는 재소집에 반발하며 시위를 벌이는 이들에게 연대감을 느꼈다. 프랑스가 자신의 아이들을 도살장으로 보내고 있다고 이미 확신했으니까. 또한 좌파 대표들의 처사에 몹시 실망했다. 국제주의공산당(PCI)과 기독교 좌파 정당들은 알제리 독립을 공개적으로 지지하지 않았다. 공산당(PC)? 그들은 침묵했다. 노동자 인터내셔널 프랑스 지부(SFIO)[34]? 말을 말자.

그 무렵 알게 된 미국인 흑인 여성이 있다. 세라 엘리자베스 펜은 뉴욕 출신으로, 나는 그녀를 영화감독 장 루슈가 마련한 촬영 뒤풀이 자리에서 만났다. 그날 파티에서 우리 둘은 잠시도 떨어지지 않았다. 그녀는 '절반은 영어로 절반은 프랑스어'로 귀엽게 수다를 떨고, 춤을 추고, 술도 마셨다. 우리는 서로의 서투른 면에 깔깔대고 웃었다. 파티가 끝날 무렵, 나는 완전히 사랑에 빠져

---

33 군복무를 마친 지 3년이 되지 않은 프랑스 남성 수천 명이 알제리에 '평화를 재건한다는' 명목으로 재소집되었다. 알제리에서 그들을 기다리고 있던 것은 전쟁이었다.
34 한때 프랑스 정치의 주요 세력이었던 사회당의 전신.(옮긴이)

버렸다. 그야말로 첫눈에 반했다. 그 시절에는 일거리가 별로 없어서 관광용 포스터와 엽서를 제작하는 회사에 막 취직을 한 참이었다. 그래서 회사 일로 일곱 달 일정으로 유럽의 아름다운 해안을 촬영하러 떠나야 하는 상황이었다.

"나랑 같이 갈래?" 알게 된 지 몇 주밖에 안 됐지만 나는 그렇게 제안했다.

펜은 눈을 깜박이면서 수락했고, 우리는 사륜구동 자동차를 타고 출발했다. 펜과 나는 낙원의 한 조각을 발견하는 대로 아무 데나 텐트를 치고 캠핑을 했다. 새벽부터 사진을 찍었고 낮에는 주로 풍경과 도시 구경을 했다. 세라 엘리자베스는 뭐든지 신기해했다. 편의시설이라고는 없는 여행이었지만 상관없었다. 처음으로 근심 걱정 없는 목가적 삶을 경험했다. 우리는 마음이 정말 잘 맞았다. 나는 사진을 가르쳐주었고 세라 엘리자베스는 매우 아름다운 그림을 그리거나 아프리카풍 장신구를 만들었다. 물론 우리는 부자가 아니었다. 그러나 자유롭고 행복한 예술가들이었다! 매일 나란히 앉아 말없이 작업에 몰두했으며 해가 저물고 밤이 깊도록 함께 미래를 설계했다. 프랑스에서, 어쩌면 미국에서 예술가로 성공한 우리 모습이 벌써 눈에 보이는 것 같았다. 우리가 낳을 아이의 얼굴을 상상하는 일도 재미있었다. 파리에서 나를 괴롭히던 근심, 일상의 자질구레한 골칫거리를 다 잊었다. 정치적 이상, 평화, 전쟁조차도.

세라 엘리자베스와 함께한 2년 중 절반은 아름다운 해안을 누비고 다니며 보냈다. 미국으로 떠나는 문제가 점점 현실로 다가왔다. 나는 사장에게 운을 떼어두었다. 나를 파리에 붙잡아두려고 애쓰던 사장은 뜻밖의 제안을 했다. 미국에도 자기 회사가 있는데 거기서 연수를 마치면 일자리를 주겠다는 것이었다.

세라 엘리자베스가 먼저 가족들에게 돌아갔다. 나는 넉 달 후인 1958년 초에 미국으로 건너가 그녀를 만나기로 했다. 이쪽 일을 정리하고 내가 가진 것을 팔거나 친구들에게 맡기려면 시간이 필요했다. 주위에도 알렸다. 나는 곧 미국으로 떠날 거라고……

넉 달은 긴 시간이다. 처음에는 축하와 격려가 쏟아졌고 미래의 해후를 약속했다. "미국으로 꼭 만나러 갈게." 이후 삶은 원래의 흐름을 찾았고 정치적 관심사가 다시 일상의 중심으로 돌아왔다. 그사이 많은 일이 있었고 알제리 사태가 심각해지고 있었기 때문이다. 나는 점점 더 걱정이 깊어졌지만 적극적으로 참여할 방법을 찾지 못하고 있었다.

알제리 전쟁은 프랑스에도 영향을 미쳤다. 파리가 알제리의 비극에 눈뜨기 시작한 것이다. 인종별 인상착의에 따른 조사와 수색, 순찰과 검문이 끊이지 않았다. 내가 개인적으로 알고 지내는 알제리인은 없었지만, 남미 친구들은 북아프리카인들과 인상착의가 비슷하다는 이유로 걸핏하면 경찰에 불려 간다고 불만이 많았다. 나는 프랑스 당국이 예전에 유대인 매부리코를 찾아다니던 나치와 똑같은 짓거리를 하고 있는 현실을 참을 수 없었다.

1957년 말 프랑스 군대와 경찰이 알제리에서 자행한 고문을 고발하는 출판물들이 처음 나왔다. 우리는 그러한 사실을 모르지 않았으나 이제 더 이상 개인적으로 행동할 때가 아니었다. 일부 군 장성은 그러한 만행에 협력하기를 거부했기 때문에 군복을 벗으라는 압력을 받았다. 한때 레지스탕스였던 우리는 게슈타포의 유령이 다시 떠오르는 것을 보았다. 피해자만 바뀌었을 뿐, 가해 수법은 똑같았다. 변호사 알리 부멘젤[35]의 '자살'과 모리스 오댕[36]의 '실종'은 알제리에서 사람을 고문하고 살해해도 처벌받지 않는 현실을 확인시켜주었다. 게다가 검열도 있었다. 당국은 이러한 문제나 알제리 독립, 불복종, 탈영 등을 주제로 글을 쓰는 사람들을 즉시 체포하고 가택 수색을 하고 원고는 압수, 폐기했다. 젊은이들, 탈영병들의 처지가 몹시 걱정되었다. 양심을 지키다가 평생 감옥에서 썩을 수도 있지 않은가. 하지만 복종을 거부할 용기가 없는 젊은이들이 더 걱정되었다. 그들은 어떻게 될 것인가? 제 손으로 알제리인들을 고문하게 될까? 아니면, 순국 영

---

35 1957년 3월 알제리에서 프랑스 군대에게 고문당하고 암살당한 알제리인 독립운동가이자 변호사.
36 알제 대학교 수학과에 재직 중이던 프랑스인 수학자. 알제리공산당 당원이자 열렬한 반식민주의 투사로, 자택에서 프랑스 경찰에 체포당한 후 행방이 묘연해졌다.

웅이 될까? 어느 경우든 프랑스가 명분 없는 일에 국민을 희생시킨다는 점에서는 마찬가지였다. 프랑스의 패배는 이미 자명했으니까.

당시 나는 몽파르나스와 생제르맹 대로의 카페들을 자주 드나들었다. '레스칼'에는 남미 음악을 들으러 갔고 '플로르' '셀렉트' '라뤼메리 마르티니크'에서 커피를 즐겨 마셨다. 특히 '올드 네이비'는 영화인, 언론인을 비롯한 지식인들이 자주 들르고 약속 장소로 선호하는 곳이었다. 나는 매일 저녁 8시부터 올드 네이비에 죽치고 있었다. 늘 앉는 자리가 있었고, 거기서 우편물이나 전화를 받았으며, 사람들을 만났다. 나와 친한 회기와 영화인도 올드 네이비에 자주 드나들었다. 기자 조르주 아르노, 작가 아르튀르 아다모프 같은 친구들, 야심 찬 예술가 지망생, 아리따운 여성들을 만날 수 있는 카페였다. 우리는 알제리에서 일어나는 일에 우려를 표하고 우리가 무엇을 해야 할지 열정적으로 논의했지만 구체적인 결실은 없었다.

 1957년 가을, 나는 서른두 번째 생일을 맞았다. '올드 네이비'에서 알게 된 친구 마르슬린 로리당이 아네트 로제를 소개했다. 마르슬린이 자신은 비르케나우 수용소 생존자라고 밝히던 날, 나 역시 레지스탕스에서 문서를 위조했던 사연을 말한 적이 있었다. 그녀는 열일곱 살에 필사적으로 살아남았지만 수용소에서 새긴 식별번호 문신이 여전히 살갗에 남아 있었다. 마르세유 출신의 의사인 아네트는 날씬하고 우아한 금발 미인으로 성격이 시원시원했다. 우리는 금세 죽이 맞았고 내가 인물 사진 연작의 모델이 되어달라고 청했더니 아네트는 흔쾌히 수락했다.

그날 한 촬영은 참으로 묘했다. 모델에는 아무 문제도 없었다. 아네트는 완벽했다. 실은, 그날 작업은 거의 하지 못했다. 아네트는 호기심이 많아도 너무 많은 타입이었다. 그녀는 자꾸 얘기를 나누고 싶어 했다. 아네트가 단도직입적으로 위조문서 얘기를 꺼냈다. 틀림없이 마르슬린에게 내 사연을 들었으리라. 아네트가 꼬치꼬치 캐물었기 때문에 나는 기나긴 독백을 읊조리듯 모든 것을 털어놓았다. 제2차 세계대전. 군 비밀 정보부. 하가나와 스턴그룹. 내 이야기가 모두 끝나고 우리 둘 사이에 잠시 침묵이 흘렀다. 아네트가 숨을 크게 들이마셨다.

"지금도 위조문서 만들 수 있겠어?" 그녀가 내 눈을 똑바로 들여다보면서 물었다.

"명분이 있다면."

아네트가 미소 지었다.

"드디어 우리에게 필요한 사람을 만난 것 같아. 프랑시스 장송을 만나볼래?"

프랑시스 장송, 일명 '교수님'의 이름은 나도 들어봤다. 알제리 문제에 관심 있는 좌파 지식인 가운데 프랑시스 장송이 아내와 함께 쓴 『법 밖의 알제리』를 읽지 않은 사람, 최소한 이 책에 대해서 들어보지 못한 사람은 아무도 없었다. 나는 시간 나는 대로 장폴 사르트르가 이끄는 《레 탕 모데른》을 탐독했는데 이 철학 잡지의 편집장이 프랑시스 장송이라는 것도 알고 있었다. 그가 카뮈의 책에 그리 우호적이지 않은 평을 내린 탓에 둘 사이가 틀어졌다는 것도 알고 있었다. 나는 개인적으로 카뮈의 작품을 매우 좋아했지만 몇 년 전 카뮈와 알제리 문제를 두고 설전을 벌였고 그의 미적지근한 태도에 화를 낸 적이 있었다. 그래서 프랑시스 장송을 얼른 만나보고 싶었다. 만남은 라탱 지구에 있는 마르슬린의 집에서 이루어졌다. 거실에 들어선 순간, 나는 장송의 얼굴을 알아보고 깜짝 놀랐다. 몇 년 전 로맹 롤랑의 생애를 다루는 책에 쓸 자료 사진을 복제하려고 롤랑의 아내가 사는 집을 방문했다. 그때 인터뷰를 하고 싶다고 찾아온 수줍어 보이는 기자가 있었는데 그가 바로 장송이었던 것이다. 이제 장송은 수줍어하긴커녕 결연하고도 기운찬 모습을 보여 대단히 인상적이었다.

장송은 가히 놀라운 인물이었다. 이 실존주의 철학자의 사상의 바탕에는 사유와 행동이 따로 놀아서는 안 된다는 신념이 있었다. 혹은, 달리 말하자면, 반식민주의는 터치라인 밖에서 관전하면서 왈가왈부할 일이 아니라는 신념이라고 할까. 알제리가 그의 인생에서 중요했던 시기는 두 번이다. 첫째는 독일 강점기였다. 장송은 제2차 세계대전 당시 아프리카의 자유프랑스 군대[37] 소속이었다. 그런데 프랑스령 알제리 국민의 대다수는 비시 정부를 지지하고 심지어 협력하기까지 했다. 해방 이후 1948년에 장송은 아내와 함께 알제리로 돌아갔다. 이슬람교도들과 가까이 지내며 일상을 나누길 원했고, 알제리 독립투사들을 만났다. 그는 알제리 독립운동에 가담하기로 결심했지만 어디까지나 프랑스인으로서 양국이 좋은 관계로 남길 바라며 그런 가능성을 열어두기 위해서라고 강조했다. 그가 알제리 독립을 돕는 이유는 나와 마찬가지로 프랑스가 찬성하든 반대하든 알제리는 결국 독립할 것이라고 전망했기 때문이다. 물론 프랑스 좌파가 각성하기를 바라는 마음도 없지 않았다. 어쨌든 알제리가 최대한 빨리 전쟁에서 이기도록 돕는 것이 양국의 무의미한 인명 피해를 줄이는 길이었다.

그는 나에게 조직에 가담할 의향이 있는지 물었다.

"물론이지요."

"당연히 그렇겠죠. 하지만 '진짜로' 합류할 거냐고요."

"진짜로 합류하는 게 뭔데요?"

"전업으로 매달리는 거죠. 인쇄 일 말입니다. 급박한 요청도

---

37 프랑스가 나치 독일에 점령당하자 당시 국방부차관이던 드골은 영국으로 탈출하여 자유프랑스를 창설해 항독 운동을 개시했다. 본국이 나치와 비시 정부 수중에 있었기 때문에 이들은 해외 식민지의 자원을 동원하기로 했다. 하지만 식민지 대부분이 처음에는 비시 정부를 지지하는 상황이었다. 그러다가 전황의 변화와 설득으로 점차 자유프랑스 진영으로 넘어갔고, 1만 여 명에 불과하던 병력은 노르망디 상륙 작전 무렵에는 45만 명에 이르렀다. 특히 알제리 등지에서는 전쟁이 끝나면 독립시켜주겠다는 약속으로 현지인 병력을 끌어모았다.(옮긴이)

소화해야 해요. 다양한 나라의 다양한 자료들이 필요합니다. 위조가 불가능하다는 저 대단한 스위스 여권……"

장송이 그들에게 필요한 위조 서류를 하나하나 주워섬기기 시작하자 이야기가 끝날 줄을 몰랐다.

필요한 서류가 그렇게 많을 줄이야, 상상도 못한 일이었다. 장송의 목소리가 아득히 먼 데서 들려오는 왁자지껄한 소음 같았고 내 생각은 미국에서 나를 기다리고 있을 세라 엘리자베스에게 날아가고 있었다.

일주일 후, 나는 장송의 오른팔이라는 사람과 '라뤼메리 마르티니크'에서 만나기로 했다.

"다니엘입니다." 그는 일어나서 악수를 청한 후 자리를 권했다. 전형적인 부르주아의 모습. 키가 크고 강건해 보였고 짙은 색 양복과 넥타이를 멋지게 갖춰 입었다. 여름휴가에서 이제 막 돌아왔는지 볕에 그을린 피부, 우아한 자세, 무릎에 놓인 얇은 가죽 클러치가 눈에 띄었다. 다니엘은 위스키를 마저 들이켜고 종업원을 불렀다. 그는 위스키를 한 잔 더 주문했다. 나는 크림을 넣은 커피를 주문했다.

우리는 곧바로 말을 놓고 간단히 자기소개를 했다. '다니엘'의 본명은 자크 비뉴, 보르도 출신이고 장송과는 어릴 적부터 친구였다. 이미 단란한 가정을 꾸린 사내였고 선박, 특히 요트 경주에 조예가 깊었으며 스포츠 기자로 활동하기도 했다. 장송 네트워크에 합류하기 전에는 욕조나 세면대 같은 도기 제품을 취급하는 회사를 물려받아 운영했다고 했다. 그는 단도직입적으로 장송에게 부탁을 받았노라고 털어놓았다. 장송이 자기 오른팔이 되어 조직 운영과 탈주로 확보를 맡아달라고 했다는 것이다. 문제는 국경을 좀 더 매끄럽게 통과할 방법을 찾는 것이었다. 독립운동 자금과 알제리 독립운동가, 지명수배자, 탈영병들을 빼돌려야 했다. 다니엘은 그때까지 주로 스페인 국경을 이용했다. 그런데 전쟁이 격화되고 탈영병 수가 급증하면서 자금 조달이 광범위해지고 체계화되었다. 이제 스페인뿐만 아니라 이탈리아, 스위스, 독일, 벨기에에 이르기까지 프랑스와 국경을 접하는 모든 국가를 활용할 방안을 시급히 마련해야 했다. 알제리 독립운동 자금은 프랑스에서 모금하고 분류하고 집계했지만 스위스에만 쌓아둘 수 있었다. 다니엘은 국경을 넘어야 하는 조직원들이나 지명수배자들을 위해 나의 연락책이 되어 스페인, 이탈리아, 독일, 벨기에, 프랑스의 서류들을 요청하기로 했다.

카페에서 일어설 무렵 다니엘은 첫째 요청과 관련한 봉투를 건넸다. 그는 음료 계산은 자기가 하겠다고 고집을 부렸고 이틀 후에 다시 보자고 했다.

  집으로 돌아오는데 뭔가 어긋나버린 기분이 들었다. 우리의 첫째 약속은 어떤 의미였나? 우리는 한 시간 조금 넘게 대화를 나누었다. 장송도 그렇고 나도 그렇고 네트워크에 가담한 모든 이는 어디까지나 프랑스인으로서 프랑스와 알제리의 우호 관계를 수립하기 위해 참여했다. '자유, 평등, 박애'라는 프랑스의 정신을 행동으로 실천해야 했다. 알제리 독립은 정해진 미래였고, 프랑스의 아이들이 더 이상 개죽음을 당하지 않고 알제리의 형제들이 프랑스에 대한 신뢰를 완전히 잃지 않게 하려면 알제리가 이 빌어먹을 전쟁에서 최대한 빨리 승리하도록 도와야 했다. 장송은 진심으로 그렇게 믿었고 현실을 읽는 그의 눈은 정확했다. 그런데도 나는 왠지 찜찜했다. 처음 만난 연락책에게 좋은 느낌을 받지 못했다. 카페를 나올 때 다니엘은 세 번째로 위스키 잔을 비우는 중이었다. 목소리는 명쾌하지 않았고 말도 더듬거렸다. 취해 있었나? 모르겠다, 나니엘이 횡설수설했던 것은 아니다. 하지만 오전부터 위스키 석 잔이라…… 조직이 그의 어깨에 달려 있다고 하지 않았나? 나는 영 믿음이 가지 않았다. 솔직히 말해 진중하지 못하다는 느낌이 들었다. 아, 그때 알았더라면 좋았을 것을!

이 이야기를 꼭 해주고 싶다. 첫인상이 늘 들어맞는 것은 아니다. 내가 그때 만난 사람은 이 일을 하면서 만났던 모든 사람을 통틀어 가장 유능한 어둠의 실세였다.

건물 로비에서 우편함을 살폈다. 소포는 없고 편지만 한 통 있었다. 어디서든 한눈에 알아볼 수 있는 글씨체. 세라 엘리자베스가 쓰는 글씨는 동글동글하고 크기도 다른 사람들 글씨보다 두세 배는 컸다. 당장 가슴이 죄어들었다. 계단을 올라가 탁자에 봉투 두 개를 올려놓았다. 다니엘이 준 것은 A4 크기의 크래프트지 봉투였다. 세라 엘리자베스의 편지 봉투에는 미국 우표가 붙어 있었고 미국 소인이 찍혀 있었다. 고운 리넨지紙를 스카치테이프로 붙여 만든 길쭉한 흰색 봉투. 세라 엘리자베스가 손수 만든 것이 분명했다.

창가에서 비슈켄이 자기가 잊혀졌다고 생각하는지 들으라는 듯이 짹짹거렸다. 나는 주머니에서 말라붙은 빵조각을 꺼내 부스르뜨려 주었고 비슈켄은 고맙다고 휘파람 소리를 냈다. 늘 그렇듯 녀석은 빵 부스러기를 다 쪼아 먹고 훨훨 날아갔다가 내일 돌아올 것이다. 사라 엘리자베스가 저 새를 얼마나 사랑했던가…….

세라 엘리자베스가 미국으로 떠난 후 네 번째 보내는 편지였다. 나는 답장을 쓰지 못했다. 최근에 받은 편지는 마분지에 형판으로 무늬를 박고 손수 색을 칠한 봉투에 들어 있었고 열 장이나 되는 편지에는 직접 그린 그림과 설명이 들어 있었다. 그녀는 이렇게 물었다. "왜 나에게 편지를 쓰지 않아? 그사이 누가 생긴 거라면 알고 싶어. 네가 가진 것들을 처분하고는 있는 거야? 난 친구들에게 네 얘기를 했어. 배를 탈 때 우리 아버지를 위한 위스키 선물 잊지 마. 모두 너를 기다리고 있어. 편지해줘."

이번 편지에는 어떤 말이 담겨 있을까? 나는 봉투를 열어볼 엄두가 나지 않았다.

나는 이보다 괴로울 수는 없을 선택을 내렸다. 세라에게 갈 것인가, 그들과 함께할 것인가? 사랑을 택할 것인가, 대의를 택할 것인가? 우리는 다 계획이 있었다. 세라가 먼저 가족에게 돌아가고 나는 몇 달간 거처를 정리하고 소유물을 처분하고 새로운 사진작가를 구해서 인수인계를 할 작정이었다. 심지어 사장이 미국 자회사에서 일할 수 있도록 자리도 마련해주지 않았는가. 어떻게 세라 엘리자베스에게 미국에 가지 않겠다고 말할 수 있을까? 나의 침묵을 해명하기 위해 오만가지 초안을 써보았지만 차마 편지를 부칠 용기가 나지 않았다. 해야 할 말, 규명해야 할 일은 너무 많은데 나의 답변은 너무 궁색하고 부족해서 결국 처음부터 다시 써야만 했다. 내가 어떤 정치 행동을 하는지 까맣게 모르는 그녀가 이 참여를 어떻게 이해할 수 있단 말인가?

비슈켄이 언제 날아갔는지는 모르지만 부스러기 하나 남아 있지 않았다. 나는 끝내 세라 엘리자베스의 편지를 뜯지 않고 전에 받은 편지들과 내가 부치지 못한 답장들이 잠들어 있는 서랍에 넣었다.

   나는 다니엘의 봉투를 뜯었다. 내가 위조해야 하는 벨기에 신분증과 운전면허증이 들어 있었다. 제작까지 할 필요는 없고 사진을 바꾸고 생년월일, 직업만 고쳐 쓰면 되었다. 훔치거나 빌리거나, 소유자 동의하에 '분실된' 기존 신분증을 고쳐 쓰는 작업은 내가 레지스탕스 활동 초기에 하던 일과 비슷했다. 임시변통. 수기로 정보 채워 넣기. 나는 잉크 성분을 분석해서 글자를 지우고 새 정보를 적어 넣어야 했다. 사진은 그냥 스테이플러로 고정되어 있었지만 사진 가장자리와 그 아래 용지에 걸쳐 요철이 있는 스탬프가 찍혀 있었다. 수입인지는 사진 밑에 반쯤 붙어 있었는데 여기에는 요철이 없는 다른 스탬프가 찍혀 있었다.

 운 좋게 집에 화학약품들과 염색제들이 그대로 있었다. 사진 제판용 아연판과 질산도 있었다. 성분이 불순물 없이 순수하면 약품은 오래 두어도 상하지 않는다.

 생년월일과 직업을 수정하는 일만 남았다. 잉크를 분석해보았다. 가장 흔한 성분인 검은색 아닐린 염료였다. 이 잉크는 산화한 후 암모니아 증기로 중화하면 지울 수 있다. 나는 과망간산칼륨과 아황산수소나트륨 용액을 만들었다. 이 신분증의 원래 소유자는 전기 기사인데 내 짐작에 다니엘은 이쪽 일을 전혀 모를 것 같았다. 다른 직업을 찾아봐야 했다. 나는 생각을 좀 하다가 영업사원을 택했다. 다니엘에게 잘 어울렸다. 나는 동일한 성분의 잉크로 말단 공무원 특유의 글씨체를 흉내 내어 새 정보를 적어 넣었다. FLN을 지지하는 프랑스 조직 장송 네트워크를 위한 나의 첫 번째 위조 서류가 준비되었다.

 내가 서류 위조에 손대는 것은 참으로 오랜만이었다. 마지막으로 서류를 위조한 때가 1950년, 무려 7년 전이었다. 스턴그룹은 불법 테러 단체로 찍혀 이스라엘에서 추방당했다. 수배자 신세가 되어 프랑스로 돌아오고 싶어 하는 친구들을 위해 예외적으로 위조 서류를 만든 적은 있다.

나는 집에서 홀로 다니엘의 신분증과 운전면허증을 몇 번이고 점검하며 흡족해했다. 내 솜씨는 녹슬지 않았다. 결과물은 실로 완벽했다.

# 9

그날은 장송과 다니엘이 처음으로 죄뇌르 거리의 작업실로 찾아왔다. 보통은 그쪽에서 한 명이 요청을 전하러 왔고 나는 대기실에서 얼른 봉투를 챙긴 후 사람을 곧장 돌려보냈다. 나는 말이 많은 편이 아니었다. 하지만 그날 두 사람은 나를 '만나기'를 원했다.

상상해보라. 작업실은 150제곱미터가 넘었다. 긴 복도를 따라 왼쪽에는 대기실이 있었고 오른쪽에는 문이 몇 개, 그리고 맨 끝에 다른 문이 하나 더 있었다. 오른쪽 첫째 방은 필름을 현상하는 암실이었다. 여덟 개의 탱크와 처리 시간을 설정하는 알람시계, 그리고 탱크에 담가놓는 온도계들이 있었다. 주방으로 통하는 문으로 '기계실'에 들어갈 수 있었다. 여기는 사진 세척과 표면 광택 작업에 쓰이는 부피 큰 기계들이 차지했다. 맨 끝에 있는 방이 주主 작업실이었다. 창문은 모두 검은색으로 막았고 천장에

붉은색과 초록색 조명 기구를 달았다. 흑백과 컬러 확대기는 종이, 필름, 진행 중인 작업물을 보관하는 서랍 달린 책상에 설치했다. 건조용 벽장, 라이트박스, 넓은 작업대, 재단기, 돋보기, 현미경, 적외선램프와 자외선램프도 있었다. 벽 쪽에는 사진을 담그고 세척하는 데 필요한 작은 개수대 네 개를 일렬로 놓아두었고 위쪽 선반에는 화학약품들이 있었다. 그리고 필름, 사진, 종이를 말리는 데 쓰이는 빨랫줄들이 사방팔방으로 공간을 가로지르고 있었다.

뒤 쪽으로 난 큰 문은 널찍한 인쇄실로 통했다. 커다란 통 유리창이 있고 한복판에는 거대한 평판인쇄기가 놓여 있었다. 박물관에 모셔놓아도 좋을 이 물건을 나는 분해해서 몇 년 동안이나 보관해왔다. 벽에 붙여놓은 탁자에는 잉크를 펴 바르는 데 쓰는 석판을 두었고 벽에는 잉크 롤러들을 쭉 걸어놓았다. 또 다른 탁자에는 아연판, 재단과 접합에 쓰는 도구들, 재단기, 두꺼운 종이를 얇게 펴는 자체 제작 압연기가 있었고 머리 위 선반에는 각종 잉크와 물감이 정리돼 있었다.

건너편 문으로는 다락방에 올라갈 수 있었다. 오른쪽에는 각종 비품을 두었다. 왼쪽은 촬영 스튜디오로 꾸몄지만 방과 거실로도 쓰였다. 또 다른 문으로 빙 돌아서 식당을 통해 대기실과 복도 입구로 갈 수도 있었다.

그곳이 나의 소굴, 작업실이었다.

삶은 때로 신기한 놀라움을 선사한다. 레지스탕스였지만 외국인을 혐오하던 사진제판업자 구마르를 기억하는가? 실은 이 작업실을 어느 정도는 그 사람 덕에 얻었다. 내가 장송 네트워크에 합류하면서 시급히 해야 했던 일은 제대로 된 작업실을 마련하는 것이었다. 달랑 방 두 칸짜리 집에 살면서 한쪽 방에 모든 장비를 꾸역꾸역 쌓아놓다 보니 작업을 하기가 너무 불편했다.

그래서 적당한 작업실을 찾으러 나섰다. 하지만 늘 그렇듯 나는 돈이 없었다. 장송은 내가 전업으로 일하기를 원했고 작업에는 비용이 발생했기 때문에 월급을 주겠다고 했다. 하지만 나는 두 가지 이유로 거절했다. 일단 아직은 일이 얼마나 들어올지 몰랐기 때문에 작업실 운영비를 산정하기 곤란했다. 그리고 보수를 받으면 내가 용병이 되는 기분이 들었다. 무엇보다, 나는 독립성을 유지하고 싶었다. 네트워크가 내가 동의할 수 없는 방향으로 흘러가면, 가령 민간인 테러를 계획하면, 미련 없이 훌훌 떠날 수 있어야 하니까.

하지만 자유에는 대가가 따른다. 직장에 사표를 내고 다시 내 사업체를 차려야만 합법 활동과 불법 활동을 모두 소화할 수 있었다.

순전히 우연히, 증권가 쪽에 볼일이 있어서 나갔다가 임대 물건 경매 공고를 보았다. 물건을 보러 갔는데 도저히 쓸 수 없을 만큼 엉망이었다. 폐허나 다름없었다. 원래 입주해 있던 통신사는 도산했다고 했다. 끔찍이도 더러웠고 벽에는 정착액이 잔뜩 튀어 있었으며 전부 다 썩어서 손만 대도 부서졌다. 임대 물건은 꼭대기 층 절반을 차지했고 나머지 절반은 공실이었다. 해당 층에 드나드는 계단은 두 개가 따로 나 있었다. 사람과 마주칠 일이 적고 여차하면 도망치기 쉽다는 점에서 매우 실용적이었다.

공증인 프티 씨를 만났다. 예순이 한참 넘은 깐깐하고 권위적인 영감이었다. 나는 이 물건에 관심이 있으니 내가 회사를 설립하고 다시 찾아올 때까지 기다려달라고 부탁했다.

"얼마나 기다리면 됩니까?"

"모르겠어요. 나는 외국인이기 때문에 일단 프랑스인 경영자를 찾아야 합니다."

그는 '외국인'이라는 말에 무슨 외설스러운 소리라도 들은 것처럼 인상을 찌푸렸다.

"어느 나라 사람인데요?"

"아르헨티나요."

"무슨 회사를 차릴 건데요?"

"전문 기술이 필요한 컬러 사진을 다룰 겁니다. 사진제판도 하고요."

프티 씨가 그리 불쾌하지 않은 기억을 떠올리는지 잠시 생각에 잠겼다.

"나도 사진제판은 좀 아는데. 친구가 그쪽 일을 했답니다. 안타깝게도 이미 저세상 사람이 됐지만. 하지만 친구는 정말 실력이 뛰어났어요. 에티엔 학교에서도 가르쳤지요."

"그분 이름이 뭡니까?"

"앙리 구마르."

"구마르 씨를 압니다. 저도 그분에게 배웠어요."

그때부터 프티 씨의 태도가 싹 바뀌었다. 세상을 떠난 친구의 제자였다는 이유로 직접 나를 도와주기 시작한 것이다. 심지어 계약도 맺기 전에 열쇠를 내어주고 작업을 해도 좋다고 했다. 그리고 아들까지 끌어들여 내 회사의 공식적인, 요컨대 서류상의 경영자로 이름을 올려주었다. 그 아들로 말하자면 아버지와 함께 일하면서 《미뉘트》를 손에서 놓지 않는 사십 대 신사였다. FLN의 문서위조 전문가가 겉으로 내세운 경영자가 극우파 동조자라니, 이보다 더 좋은 위장이 있을까.

장송과 다니엘은 작업실을 돌아보는 내내 입을 다물지 못했고 숱한 질문을 퍼부었다. 사실 놀랄 만한 공간이긴 했다. 나는 그들에게 사진석판을 만드는 법이라든가 색을 조합했을 때 잉크가 어떻게 반응하는지를 직접 보여준 참이었다. 하지만 무엇보다 그들의 마음을 빼앗은 것은 나의 자료 상자였다. 제2차 세계대전 당시에 위조한 신분증과 스탬프, 그리고 하가나 일을 하면서 위조한 세계 각국의 비자가 다 들어 있었다.

"위조가 불가능한 것은 없다 이거지?" 장송이 브라질 비자를 돋보기로 살펴보면서 물었다.

"당연하죠. 인간이 상상하고 만들어낸 것이라면 당연히 다른 인간도 똑같이 만들 수 있어요."

"당장 내일모레까지 스위스 여권 두 벌이 필요해."

명성이 자자한 스위스 여권. 다시 서류 위조에 손댄 이후 그다지 힘든 일은 없었다. 애초에 너무 촉박해서 마감을 맞추기 어려운 일만 아니면 말이다. 모든 것을 처음부터 다시 시작하자니 시간이 많이 걸리고 지루하긴 했다. 프랑스 신분증, 운전면허증, 여권은 1950년 이후 전부 바뀌었으므로 기존 자료 중에서 쓸 수 있는 견본, 사진, 스탬프는 없었다. 하지만 스위스 여권 위조는 비교도 안 되게 어려운 도전 과제였다. 나도 이번에는 자신이 없었다. 겉장은 굉장히 얇은 마분지 질감으로, 빳빳하면서도 탄성이 있고 입체 워터마크가 찍혀 있었다. 어느 나라 여권과도 달랐다. 아무도 이 여권을 복제할 수 없다는데 내게 주어진 시간은 고작 이틀이라니!

　나는 1분도 지체하지 않고 작업실에 틀어박혀 여러 종류의 종이, 셀룰로스, 접착제 등을 닥치는 대로 조합해보았다. 애석하게도 초기 테스트 결과는 전부 실망스럽기만 했다. 빳빳하게 만들거나 탄력 있게 만들 수는 있어도 두 요건을 모두 충족할 수는 없었다. 끊임없이 다시 시작하고, 포기하지 않고, 배합을 바꾸어 다시 시도했다.

하루 낮과 밤이 지나도록 아이디어를 전혀 얻지 못했다. 나는 잠을 쫓기 위해 작업실에서 성큼성큼 걸어 다녔다. 아직 굽힐 때가 아니었다. 하지만 쌓인 피로가 불현듯 눈 안쪽을 바늘로 찌르는 듯한 극심한 두통으로 변했다. 너무 아파서 숨이 잘 안 쉬어졌다. 도저히 견딜 수가 없는 통증이었다. 나는 바로 나무 벤치에 드러누워 통증이 물러가기를 기다렸다. 그런데 눈을 감자마자 잠에 빠져버렸다.

믿을지 안 믿을지 모르지만 나는 잠들었을 때도 일을 했다. 꿈속에서도 일을 했다. 여러 형태의 종이에 셀룰로스를 조금씩 더해가면서 실험을 했다. 어쩌다 그런 생각이 났는지는 모르지만—지독한 두통 때문인지, 그리고 아스피린을 먹을 시간이 없었기 때문인지—붕대로 쓰는 거즈에 순수한 셀룰로스가 다량 포함되어 있다는 사실이 떠올랐다. 잘게 자른 거즈를 견본과 비슷한 다양한 종이로 만든 펄프와 혼합해서 염기성 용액에 녹인다. 종이가 완전히 마른 후에 결과물을 살핀다. 믿을 수 없었다!

나는 몸서리를 치면서 잠에서 깨어났다. 딱딱한 벤치에 아무것도 깔지 않고 잠든 탓에 온몸이 배겼지만 두통은 사라졌다. 몇 시간이나 잤을까? 바깥은 캄캄했다. 나에게는 그날 밤과 다음 날 오전밖에 시간이 남지 않았다. 나는 황급히 욕실로 달려가 약장을 열고 안을 뒤졌다. 붕대용 거즈…… 과연 가능할까? 가능하다면 여권을 제때 준비할 수 있다는 실낱같은 희망이 있다.

나는 꿈에서 보았던 방법을 그대로 재현했다. 거즈를 빻은 것처럼 잘게 잘라 녹인 후에 펄프와 섞어 수십 분간 유제乳劑 상태로 두었다가 원했던 펄프를 얻어냈고 이것을 판에 떠서 건조용 벽장에 두었다. 건조에만 몇 시간이 걸렸고 나는 잠시도 가만있지 못하고 초조하게 발을 굴렀다. 새벽녘, 견본과 동일한 두께와 균질한 질감을 얻기 위해 압연 작업에 들어갔고 마침내 원본과 비교할 수 있었다. 육안으로 보기에 종이의 질감은 똑같았다. 완벽했다! 만져봤을 때의 촉감도 완벽했다. 현미경으로 봐도 아주 작은 결함, 아주 작은 위조의 흔적도 찾을 수 없었다. 요컨대 이제는 색을 입히고 인쇄를 하고 여권 내지를 작성하기만 하면 되었다. 나는 희희낙락하면서 생각했다. 내일 약국에 가야지, 가서 거즈를 산더미처럼 사 와야지……

# 10

커다란 천창으로 비치는 석양의 부드러운 빛 속에서 나는 인쇄기의 무거운 핸들을 균일한 속도로 돌리고 있었다. 마리알린이 이제 막 인쇄기에서 나오는 종이들을 한데 모았다. 돌연 아기 울음소리가 침묵을 깨뜨렸다.

"아기가 깼네. 잠깐만 쉬었다 하자." 마리알린이 한숨을 쉬면서 딸을 달래러 갔다.

이제 나는 스위스 여권을 대량 제작하고 있었다. 위조할 수 없다는 명성이 났기 때문에 오히려 위험천만한 작전에 써먹기에는 딱이었다. 오랜 세월이 지난 후에야 장송과 다니엘이 스위스 여권을 처음 요청했던 날 그들이 거짓말을 했다는 것을 알았다. 그들은 사실 스위스 여권이 급히 필요한 게 아니었다. 그냥 호기심이 동했던 것이다. 무슨 요구를 하든, 굉장히 까다로운 일을 굉장히 급박하게 요청해도, 나는 항상 군말 없이 견본을 받아 들고 약속한 시간에 결과물을 내놓았으니까. 그들은 불가능한 과제를 내놓고 단 한 번이라도 "못합니다"라는 답을 듣고 싶었던 것이다. 두 사람은 내가 실패할 줄 알았다면서 그제야 진의를 털어놓았다. 그래서 내가 스위스 여권 두 벌을 내밀었을 때 자기들이 바보처럼 느껴져서 아무 말 없이 받아갔다나. 잘한 일이었다. 나는 자초지종을 몇 년이 지나서야 들었다. 바보 같은 장난이었지만 덕분에 나는 귀한 시간을 많이 벌었다. 스위스 여권은 아주 귀했고 얼마 지나지 않아 조직은 본격적으로 스위스 여권 제작을 요청하게 됐으니 말이다.

마리알린이 한 손에는 젖병을, 다른 손에는 기저귀를 들고 불쑥 돌아왔다. 언제나 칭얼대는 아기 나탈리가 엄마에게 매달려 있었다.
"나탈리가 배가 고픈가 봐. 보모가 오기 전에 목욕도 시켜야 해."
마리알린은 봄꽃처럼 내 인생에 불쑥 나타났다. 우리는 전혀 모르는 사이였다가 하루아침에 식구가 됐다. 그러고는 늘 그렇게 살아왔던 것처럼 자연스럽게 지냈다. 어느 날 '올드 네이비'에서 친하게 지내던 여자에게 부탁을 받았다. "이봐, 아돌포, 내 친구에게 소개할 일거리 없을까? 걔가 돈이 필요해서 말이지." 내가 막 임대 계약을 마친 죄뇌르 거리 작업실은 말도 못하게 더러 왔으므로 입주 청소부터 해야 했다. 내가 제안할 수 있는 거라고는 청소 일밖에 없었다. 이틀 후 스물다섯 살쯤 되어 보이는 자그마한 여자가 크고 파란 눈 앞으로 떨어지는 금발 몇 가닥을 귀 뒤로 넘기면서 자기소개를 했다.

"내 이름은 마리알린이에요. 청소하러 왔어요!"

마리알린은 발랄하고 재미있고 뭐든지 시원시원하게 말했다. 그리고 청소 일을 하러 와서 그냥 눌러앉았다. 마리알린은 자신이 비혼모이고 아기는 유모 집에 맡겨놨는데 애를 데려올 형편이 될 때까지 유모에게 돈을 보내야 하기 때문에 일자리가 필요하다고 털어놓았다. 나는 촬영 스튜디오에 있는 우리 침대 옆에 아기 침대를 만들어놓고 함께 나탈리를 찾으러 갔다. 회사도 세워야지, 불법 위조도 해야지, 감당해야 할 일이 너무 많았다. 마리알린은 정치에 관심이 많고 알제리 독립을 옹호하는 입장이었지만 나의 이중생활에 대해서는 아무것도 몰랐다. 같은 공간에서 먹고 자고 일하면서 어떻게 계속 숨길 수 있겠는가? 결국은 그녀도 알아야 했다. 처음에 마리알린은 굉장히 겁을 냈다. 언제 경찰이 우리를 체포하러 들이닥칠지 모른다고 밤낮으로 걱정을 했다. 그러다 차차 두려움을 극복하고 아기를 돌보는 와중에도 틈틈이 나를 도와주었다.

벨이 울렸다. 나는 인쇄기에서 마지막으로 나온 종이를 챙겨서 조심스레 서랍에 넣었다. 인쇄실, 창고, 주 작업실, 기계실 문을 모두 열쇠로 잠근 후에 비로소 베이비시터에게 문을 열어주었다. 오렐리, 다정하고 슬픈 눈을 한 열대여섯 살의 유라시아 여자아이가 복도로 들어와 수줍게 인사했다. 이 베이비시터는 친구가 추천해줬다. 아기를 데려온 후로 거의 밖에 나갈 수가 없어서 베이비시터의 도움을 받기로 했다. 마리알린이 몇 가지 당부하는 동안 나는 수상쩍어 보일 물건이 없는지 마지막으로 점검했다. 그때 전화벨이 울렸다.

"아돌포, 긴히 할 말이 있는데 내일 시간 괜찮아?" 친한 사진작가 앙리가 다짜고짜 물었다.

"응."

"그럼 오후 5시에 '르생클로드'에서 보자고."

'올드 네이비'에 발을 들이기 무섭게 사장이 나를 불렀다.

"우편물이 와 있어요."

봉투에는 미국 국기가 그려져 있었고 수신인 주소는 '프랑스 파리 생제르맹 대로 올드 네이비'로 되어 있었다. 세 번 접은 A3 용지에는 단지 이렇게만 쓰여 있었다. "아돌포에게 미국이 기다린다고 전해주세요."

나는 결국 미국에 가지 않겠다고 편지로 알리긴 했다. 세라 엘리자베스에게 파리에 와서 살면 안 되겠느냐는 말도 했다. 세라 엘리자베스는 나의 변심을 이해하지 못했다. 하긴, 내가 프랑스에 남아야 하는 이유를 밝히지도 않았는데 어떻게 이해할 수 있겠는가? 그다음 편지에서 세라 엘리자베스는 설명을 요구했고, 나는 설명을 할 수 없었기 때문에 괴로웠지만 답장을 쓰지 않았다.

"어휴, 뭐야! 왜 똥 씹은 얼굴을 하고 있어!" 마리알린이 생글생글 웃으면서 내 옷소매를 잡아 끌었다. "클로드가 당신을 기다리잖아. 얼른 가봐."

카페 구석 자리에 앉아 있던 클로드 라바르가 손짓을 했다. 나는 손님들 사이를 지나다니며 몇 사람과는 악수와 포옹을 나누었다. 클로드는 표정이 좋지 않았다. 심기가 상한 것 같았다.

"표정이 왜 그래?"

"내일까지 해결해야 하는 문제가 있어. 어쩌면 네가 날 도와줄 수 있을 것 같아." 클로드는 잔에 든 얼음을 빙그르르 돌리면서 말했다.

"말해봐."

"수배 중인 알제리인을 숨겨달라는 요청을 받았어. 거물이야. 문제는 우리 집에 이미 한 명이 숨어 있다는 거야. 내일까지 다른 은신처를 찾아야만 해."

클로드를 네트워크에 끌어들인 사람이 바로 나였다. 알제리의 독립운동가들을 숨겨주는 것은 무엇보다 시급한 일이었다. 수배당해 쫓기는 알제리인들이 숙박시설을 이용하면 바로 경찰이 출동하게 되어 있었다. 수배자들은 식당에서 밥을 먹지 못했고 어디를 걸어 다닐 수도 없었다. 정치 참여에 열심이었던 배우 자크 샤르비가 친구들과 공연계 인사들을 동원해 알제리인들에게 숙소를 제공하는 네트워크를 효과적으로 운영하고 있었다. 그렇긴 해도 늘 같은 건물, 늘 같은 거처에 알제리인들을 연달아 숨겨주는 것은 너무 위험했기 때문에 끊임없이 새로운 은신처를 찾아야 했다. 하루는 장송과 다니엘이 자크 샤르비의 '숙소 제공자' 명단에 오른 이들과는 별도로 은신처를 제공할 사람이 필요하다는 말을 꺼냈다. 그때 떠올린 친구가 클로드였다. 클로드는 노동총동맹 에어프랑스지부 책임자였으므로 네트워크에 공식 가담하지 않는다는 조건만 지켜주면 얼마든지 협력할 친구였다(그는 공산당원이었으므로 공개적으로 알제리 독립을 지지했다가 당에서 제명된 사람들 꼴이 나지 않으려면 이 일을 비밀에 부쳐야 했다).

"그렇고 그런 사람이 아니라 되게 높은 사팀 같아. 그래서 절대 들키지 않을 은신처가 필요하대." 클로드가 잔을 비우면서 말했다.

"나한테 생각이 있긴 해. 네가 괜찮으면 내가 맡을게."

돌아왔더니 집이 쥐 죽은 듯 고요했다. 마리알린과 나는 살금살금 걸어 들어갔다. 창문으로 이웃 건물의 불빛들이 새어 들어왔다. 나탈리는 자기 침대에서 잘 자고 있었고 오렐리도 나무 벤치에 누워 잠들어 있었다. 마리알린은 나에게 장난기 어린 눈빛을 보내고는 어깨를 으쓱하더니 이불을 가져와 어린 베이비시터에게 덮어주었다.

다음 날 나는 아침 댓바람부터 작업실을 나섰다. 몹시 바쁜 하루가 될 터였다. 클로드가 부탁한 숙소 문제를 해결하고 오후 5시에는 어제 전화로 약속했듯이 '르생클로드'에서 사진가인 친구 앙리를 만나야 했으니까. 무엇보다 심각한 골칫거리가 있었다. 또다시 돈이 문제였다. 작업실 임대료를 지불하고 나니 돈이 한푼도 없었는데 이제 잉크, 화학약품, 종이도 재고가 거의 바닥났다.

전당포에 갔더니 직원이 인사를 했다. 지인들은 잘 모르는 사실이지만 여기 사람들은 나를 잘 안다. 롤라이플렉스를 맡겼더니 원래 가격의 10분의 1밖에 쳐주지 않았다. 나는 롤라이플렉스 한 대와 24×36 액작타$^{Exakta}$[38]도 한 대 맡기고 돈이 생기는 대로 찾아 가겠다고 말했다. 한동안은 이중생활을 그럭저럭 해냈지만 오래가지 못했다. 전에는 내 시간을 50대 50으로 분배했다. 사진 일을 해서 버는 돈으로 FLN을 위한 위조 서류를 무상으로 만들어줬다. 하지만 지금은 거의 모든 시간을 FLN의 주문에 할애하고 있었기 때문에 잔고는 텅 비고 빚만 늘어나고 있었다.

전당포에 들르느라 옛 친구의 집에 도착했을 때는 이미 정오였다. 필리프는 16구의 널찍한 중산층 아파트에서 나를 따뜻하게 맞이했다. 클로드가, 아무도 알제리인을 찾으러 오지 않을 확실한 장소 운운했을 때 나는 바로 필리프를 떠올렸다. 알제리가 프

---

[38] 독일 드레스덴의 이하게 사에서 생산되었던 카메라 기종.(옮긴이)

랑스 식민지로 남기를 바라는 유대인의 집에 FLN의 고위 간부가 숨어 지낸다? 너무 대담한가? 하지만 이보다 좋은 은신처를 찾을 수 있을까? 필리프는 과거 MJS 소속으로 레지스탕스 활동을 했고 제2차 세계대전 이후에는 일가 사람들과 함께 살려고 알제리로 건너갔다. 알제리에는 이미 몇 대째 터 잡고 사는 유대계 프랑스인들이 꽤 있었다. 그러다가 알제리의 분위기가 심상치 않게 돌아가자 파리로 돌아왔으며 알제리가 프랑스령으로 남아야 한다는 견해를 공개적으로 피력해왔다. 아무렴, 이 친구 집에 FLN 인사가 있을 거라는 생각은 아무도 못할 것이다.

우리는 몇 년 만에 만났기 때문에 이야기보따리를 풀어놓고 옛날 일을 곱씹다가 겨우 요즘 근황을 나누고 본론으로 들어갔다.

내 입에서 FLN이라는 단어가 나오자마자 필리프는 의자를 박차고 일어나 고함을 질렀다. 얼굴이 붉으락푸르락했다.

"어떻게 그토록 역겨운 부탁을 나에게 할 수 있지? 다른 사람은 몰라도 네 부탁은 거절하지 못한다는 걸 알면서!"

나는 그가 진정하기를 기다렸다가 이렇게 쏘아붙였다. "아니, 싫으면 거절해도 돼. 네가 싫다고 하면 이 얘기는 두 번 다시 꺼내지 않을 거야."

"네가 나를 위해 해준 일이 있는데 어떻게 그래? 너는 내 생명의 은인이잖아. 너 아니면 우리 아버지, 어머니, 누나도 저세상 사람이 됐을걸. 내가 어떻게 싫다고 해!"

"그럼 내 부탁 들어줘."

"아돌포, 분명히 말하는데 이번만이야. 두 번은 안 돼!"

한 시간 후 '르생클로드'의 문을 밀고 카페의 평화로운 소음에 잠길 때까지도 기분이 싱숭생숭했다. 앙리는 이미 바에 팔꿈치를 괴고 앉아 있었다.

"구석으로 가자. 저기는 좀 조용할 거야." 그가 구석 자리를 가리키면서 말했다.

그쪽에는 우리밖에 없었다. 앙리가 손으로 탁자를 짚고 몸을 앞으로 기울이면서 나지막히 말을 건넸다.

"알제리인들이 접촉해왔어."

"아, 그래?" 나는 눈도 깜박하지 않고 대꾸했다.

내가 이미 FLN을 돕고 있다는 것을 앙리가 알 리 없었다. 마리알린을 비롯한 극소수의 지인을 제외하면 이 사실을 아는 사람은 없었다. 앙리가 더 바짝 다가왔다.

"자기네 조직을 위해 문서를 위조해줄 사람이 필요하대."

나는 놀랐지만 그런 기색은 비치지 않았다.

"너도 알제리인들에 대한 고문에 분노했잖아. 그래서 네 얘기를 했는데……" 앙리가 덧붙였다.

"나 문서 위조에서 손 뗀 지 오래야. 알잖아, 앙리."

"너도 나처럼 이 전쟁은 말이 안 된다고 생각하잖아. 잘 생각해보고 답을 줘."

"너를 만나러 온 알제리인들은 누구였어?"

"알제리민족운동(MNA)."

나는 커피를 저으면서 잠시 앙리를 살펴보았다. 메살리 하지가 이끄는 MNA는 알제리 독립을 표방하는 제1정당이었지만 FLN과의 협력을 거부하고 있었다. 사실 양측은 독립운동을 하는 와중에도 서로 못 잡아먹어 안달이었다.

"인재들도 있고 짜임새도 있어. 아주 큰 조직이지." 앙리는 한 술 더 떴다.

"그래, 좋아. 그들이 원하는 게 정확히 뭔데?"

"프랑스 신분증 100장. 보수는 지급할 거야. 그쪽에서 1000만 프랑을 제시했어. 할래, 말래?"

"생각할 시간이 필요해." 나는 결국 이렇게 말했다.

"오케이. 그쪽에 말해둘게. 일주일 후, 같은 시각, 이 장소로 나와." 앙리는 자기 신문을 한 장 뜯어내 반으로 찢어 하나를 주고는 이렇게 말했다. "누가 나머지 반쪽을 가져올 거야. 대답은 그 사람에게 하면 돼."

나는 신문 반쪽을 주머니에 넣고 앙리에게 인사를 하고 카페를 나와 도시의 안개 속으로 걸어 들어갔다. 빠른 걸음으로 강변을 산책하는 것만큼 생각을 정리하기에 좋은 방법은 없다. 그러니까 이게 대체 무슨 얘기인가? MNA가 위조 신분증을 원한다는데 못 만들어줄 이유가 있나? 예전에는 서로 다른 단체라도 지향하는 목표가 같다면 동시에 양쪽 일을 해줄 수 있었다. 레지스탕스 시절에는 서류 위조 요청이 FTP에서 들어오든 MOI 혹은

MLN에서 들어오든 상관하지 않았다. 더구나 나는 어디에도 속하지 않은 채 자유롭게 일하는 입장이었고…… 그런데 두 가지가 크게 마음에 걸렸다. 첫째, MNA와 FLN의 싸움이었다. 둘째, 돈이었다. 신분증 100장에 1000만 프랑이라는 액수에 놀란 게 아니었다. 서류 위조에는 돈이 필요하다. 시간, 원자재, 화학약품은 값이 많이 나간다. 하지만 미리 금액을 제안받고 나니 윤리적 문제를 돌아보지 않을 수 없었다. 결정을 내리기 전에 장송에게 말해야 할 성싶었다. 어차피 내일 마르슬린의 집에서 만나 진행 상황을 점검하기로 했으니까.

일주일 후 필리프의 전화를 받았다.

"아돌포, 우리 집으로 와. 할 말 있어." 그의 말투는 왠지 권위적이었다.

나는 필리프와 알제리인 사이에 무슨 일이 일어났나 싶어 당장 달려갔다. 둘이 다투기라도 했나, 마음이 안 맞았나, 아니면 더 나쁜 일이…….

필리프가 문을 활짝 열고 나를 맞아주었다.

"아, 아돌포! 네가 숨겨달라고 한 알제리인, 정말 뛰어난 교양인이야. 따지고 보면 그 사람이 하는 일이나 우리가 레지스탕스에서 했던 일이나 마찬가지지. 또 누구 숨겨줘야 할 사람 있으면 나에게 말해."

그들의 놀라운 동거를 상상하면서 나는 미소 짓지 않을 수 없었다.

두 사람은 고전음악, 문학, 철학을 논하고 그들의 투쟁과 자기 민족이 당한 차별에 대해 이야기했다고 한다.

시간이 흘렀다. 나는 주머니 속의 신문 반쪽이 잘 있는지 확인했다. 그리고 다시 한번 필리프의 환대에 고마움을 표한 후 MNA의 사절을 만나기 위해 '르생클로드'로 발걸음을 옮겼다. 그쪽에서 프랑스 신분증 100장에 대한 나의 답변을 기다리고 있을 터였다.

"조심해야 해. MNA는 경찰과 내통하니까." 나는 필리프의 경고를 떠올렸다

나는 분별없는 이들의 귀를 피할 수 있는 구석 자리, 일주일 전에 앙리와 앉았던 자리를 선택했다. 평범하게 생긴 사십 대 남자가 다가와 내 앞에 앉더니 주머니에서 신문 반쪽을 꺼내서 내밀었다. 나도 반쪽을 내밀었다. 상대는 툭 튀어나온 눈이 슬퍼 보였다. 둥글고 육중한 얼굴이 작고 거미 발 같은 손가락과 전혀 어울리지 않았다. 이 사람은 경찰일까? 그럴지도. 혹은 아닐지도. 둘 중 어느 쪽도 선뜻 입을 열지 않았다. 그는 나를, 나는 그를 바라보았다. 결국 내가 먼저 입을 열었다.

"저기요, 제안을 진중하게 생각해봤습니다. 그 일은 하지 않겠습니다."

상대는 눈살을 찌푸렸고 실망하는 기색을 보였다. 나는 좀 거

북했지만 진심으로 미안해하는 척하면서 말을 이었다.

"내 전적은 알고들 있지요? 레지스탕스에서 했던 일 말입니다."

"네."

"그럼 내가 유대인이라는 것도 알겠지요? 나는 인종주의자는 아닙니다만 어쨌든 아랍인을 돕는 것은 나로서는……."

그는 고개를 끄덕거렸다. 더 말할 필요는 없었다.

# 11

1961년 6월. 며칠 전 집에 들어오는데 어떤 남자가 건물 앞에서 나를 기다리고 있는 것 같았다. 얼굴 인상이나 옷차림이 아무래도 경찰 같았다. 언제 올지 모르는 사람을 기다리는 태도가 지나치게 자연스러웠다. 회색 레인코트, 여우처럼 날카로운 눈빛. 나는 그의 눈에 띄기 전에 얼른 돌아섰다. 그러고는 걷다가 카페에 들어가서 커피를 마셨다. 집으로 돌아오는데 아직도 그가 서 있었다. 나는 다시 걸음을 돌렸다. 프랑수아즈 사강의 『브람스를 좋아하세요?』를 각색한 영화가 그랑 렉스에서 상영 중이었다. 출연진은 잉그리드 버그만, 이브 몽탕, 앤서니 퍼킨스였다. 나는 줄을 서서 영화관으로 들어갔고 아주 늦은 밤에야 집으로 돌아갔다. 이제 사내는 보이지 않았다. 피해망상인가? 그럴지도 모른다. 작년에 한바탕 검거 선풍이 휩쓸고 간 터라 사소한 것도 예사로 보이지 않았다. 장송 네트워크의 거의 모든 요원이 잡혀 들어갔다.

나머지는 그나마 시간이 조금 있을 때 몸을 숨겼다. 장송과 탈주를 조직하는 오른팔 다니엘, 그리고 위장이 들통나 버린 몇몇은 위조 서류를 들고 도망쳤다. 그들은 FLN을 지지하는 벨기에 네트워크에 합류하여 외국에서 활동을 계속하고 있었다. 그후로 프랑스 네트워크는 앙리 퀴리엘이 주도하고 있었다. 하지만 지난 10월에 퀴리엘마저 경찰에 체포되어 프렌 교도소에서 불안에 말라 죽어가는 FLN의 투사 수백 명과 같은 신세가 되었다. 이제 이전 네트워크에서 활동하는 사람은 얼마 되지 않았다. 나는 무슨 기적으로 체포를 면한 것이 아니다. 쉬운 일은 아니었지만 조직원들이 절대로 작업실에 찾아올 수 없게 조치를 취했다. 연락책을 한 명으로 지정해달라고 요구했고—이 원칙이 항상 지켜지진 않았지만—네트워크 내부 활동과는 거리를 두었다. 하지만 이번엔 낌새가 좋지 않았다. 때로는 재앙을 내다볼 줄 알아야 했다. 이대로 있다가는 점점 조여오는 수사망에 포획되고 말 것이다. 건물 앞에서 서성이는 남자만 수상한 게 아니었다. 미행이 붙었을 가능성도 있었다. 재판 당시 프랑스인 피고들의 변호사였던 롤랑 뒤마가 나를 몇 번이나 찾아왔기 때문이다. 장송도 수배 중일 때 변장을 하고서 나를 찾아왔다. 재판, 121인 선언, 도주 중인 장송을 단독 인터뷰한 조르주 아르노의 체포와 투옥은 엄청난 반향을 일으켰고 많은 이가 우리의 대의에 동조했다. 새로운 인물들이 기존 인물들을 대체했는데 소개와 추천으로 들어온 이 젊은 '신참들' 중에는 지하활동의 기본조차 안 돼 있는 이들도 있었다. 정보는 반드시 전화로만 전달하고 암호를 사용하고 예방 조치를 취한다는 원칙도 늘 지켜진 것은 아니었다.

나는 회색 레인코트를 입은 사내의 출현을 바로 상부에 보고했다. 브뤼셀 지도부는 만장일치로 단호하게 결의했다. 작업실이 발각되는 사태는 무슨 일이 있어도 막아야 했다. 내일 나는 비밀리에 파리를 떠날 터였다. 이번에는 정말 아무도 몰라야 했다. 작업실은 브뤼셀로 이전할 테고, 나는 다른 조직원들처럼 '수당'을 받고 일하며 운영비도 네트워크에서 모두 감당할 것이다. 나는 마라톤 경주를 준비하듯 며칠 전부터 파리 탈출을 준비했다. 미리 생각하고 챙겨야 할 것이 너무도 많았다. 일단 '스페인 문제'를 해결해야 했다. 내가 몇 년 전부터 돕고 있던, 프랑코 독재에 맞서 싸우는 공화주의자 호세, 카를로스, 후안이 조금 전 찾아와 스탬프, 잉크, 녹는점이 낮아서 입체 스탬프를 만들기 좋은 금속 재료, 이외에도 몇 가지 도구가 든 '상자'를 하나씩 들고 떠났다. 이제 그들은 내가 없는 동안 어떻게든 해나갈 수 있을 것이다.

  벨기에 작업실을 차리기 전에 긴급히 필요한 상황이 생길 수도 있었기에 나는 정보를 기입하지 않은 위조 서류를 많이 만들어놓았다. 일주일 동안 인쇄기를 쉴 새 없이 돌렸다.

  출발 준비가 거의 끝났다. 나는 내 아이들을 마지막으로 만나러 갈 생각이었다. 마르트와 세르주는 이제 열한 살, 열 살로 엄마와 살고 있었다. 그런데 갑자기 연락책 자네트가 혼비백산해서 들이닥쳐 제니스 자물쇠의 열쇠를 요구했다. 나는 열쇠를 열 개쯤 꾸러미째 주면서 제니스는 가장 확실한 잠금장치라 이걸로는 안 될 거라고 말했다. 자네트는 내 말은 들으려 하지도 않고 꼭 기다려야 한다고 다짐을 받고는 올 때만큼 황급히 나가 버렸다.

한 시간 후 자네트가 돌아왔다. 예상대로 열쇠들은 무용지물이었다. 그녀는 대기실 안락의자에 털썩 주저앉으면서 두 손으로 머리를 감싸쥐고 길게 한숨을 내쉬었다.

"무슨 일인지 말 안 할 거야?"

"조제프, 도와줘. FLN 지부장이 파리의 아파트에서 파트너와 함께 체포됐는데 그 여자가 르노 사의 노조원이야. 다행히 경찰은 현장에서 아무것도 발견하지 못했어. 하지만 여자가 자기 명의로 소유하고 있는 다른 집이 있는데 거기에 FLN 투사들의 명단이 있어. 그들의 신원이 경찰에 넘어가면 감옥에 끌려가거나 OAS에게 암살당하고 말 거야. 열쇠로 못 열면 문을 부수고 들어가야 하는데 그랬다가는 주위에서 이상하게 여길 거야. 도대체 어찌해야 할지 모르겠어."

나는 자네트가 그렇게 기겁하는 모습은 처음 보았다. 프랑스 국립영화학교 출신으로 영화 전문지 《포지티프》 편집자인 이 스물네 살 여자는 이전 세대 연락책들이 모두 외국으로 떠나는 바람에 1년 반 전부터 나의 연락책이 되었다. 나는 그녀가 무슨 일에도 두려워하지 않는 사람이라는 것을 바로 알았다. 자네트의 두려움이라…… 어릴 적 엄마 품에 안겨 안내인을 따라 국경을 넘을 때, 점령 지역에서 자유 지역으로 넘어갈 때 이미 두려움을 다 삼켜버렸다. 웬 독일군 병사가 나타나 가족을 모두 데려갔고 자네트와 엄마는 절망적으로 덤불숲에 뛰어들었다. 그날의 기억, 그리고 사람들이 언니에게 돌을 던지면서 "유대 년!"이라고 욕을 하던 기억에서 자네트는 인종주의의 지독한 쓴맛을 알았다. 그때부터 불의에 맞선 투쟁을 갈망했고 몸과 마음을 다 바쳐야 한다고 생각했다. 자네트와 니는 마음이 잘 맞을 수밖에 없었다.

"그 여자는 프랑수아 부인이고요, 3층 오른쪽 집이에요." 자네트가 쪽지에 주소를 휘갈겨 쓰면서 중얼거렸다. 그러고는 다른 일을 처리하러 가기 전에 이렇게 속삭였다. "고마워, 이 은혜는 꼭 갚을게."

나는 노루발[39] 쓰는 법을 익혀왔다. 작업실, 화장실 문을 따기는 어렵지 않았지만 나무 문짝에 보기 싫은 흔적이 많이 남았다. 주방 문을 공략하기 전에 좀 더 깔끔한 방법을 찾아야 했다. 얇은 금속판을 노루발과 문짝 사이에 끼워보면 어떨까. 시험을 해보았다. 영차 하고 힘을 주니 문이 열렸고 흠집은 남지 않았다.

연습 삼아 문을 몇 개 더 열어본 후 암실 서랍장 세 번째 칸에

---

39 한쪽은 뭉뚝하여 못을 박는 데 쓰고, 다른 한쪽은 넓적하고 둘로 갈라져 있어 못을 빼는 데 쓰는 연장.(옮긴이)

서 미리 만들어놓은 프랑스 신분증을 챙겼다. 타자기로 정보를 입력했다. 성은 프랑수아, 이름은 쥘리앵. 이 신분증으로 집 주인의 오빠 행세를 할 작정이었다. 나는 턱수염을 정성껏 손질하고 촬영 스튜디오에서 내 사진을 찍어서 증명사진 판형으로 뽑았다. 인지를 붙이고 스탬프를 찍고 너무 새것처럼 보이지 않도록 손을 좀 보았다. 이미 밤 9시였고 해는 저문 지 오래였다. 자네트가 뭐라고 하든 오늘 밤에는 나가지 않겠다. 내 꼴이 어떻게 보일까? 무장 강도? 의심을 사지 않으려면 밝을 때 대놓고 찾아가는 게 낫다. 내일 아침, 브뤼셀행 기차를 타기 전에 그 집에 갈 것이다. 아직도 숨겨야 할 물건들이 남아 있다. 작업실이 발각되면 해가 될 수도 있는 물건들―사진제판용 아연판, 다양한 나라의 신분증, 인지, 스탬프 등등― 을 커다란 슈트케이스에 넣고 몇 시간 전 친구에게 빌린 자동차 트렁크에 실었다. 내가 프랑수아 부인의 집에서 경찰에게 체포당해 신원이 들통나더라도 내 집에서는 아무것도 발견되지 않을 것이다. 경찰이 나를 FLN의 위조 전문가라고 생각하는 것보다야 '짐꾼'으로 여기는 편이 나았다. 나는 시트로앵을 그리 멀지 않은 루브르 거리에 세워놓았다. 친구에게 차를 세워놓은 자리를 가르쳐줄 것이다. 내일 저녁까지 나한테서 아무 소식이 없으면 친구가 트렁크 속의 가방을 챙겨 마리알린에게 전달할 테고 다음 일은 그녀가 알아서 할 것이다.

다음 날 아침 8시. 여느 날처럼 건물 1층 식당에 들러서 커피를 마셨다. 카운터에 팔을 괴고 커피를 마시다가 주인장과 닮아

빠진 술꾼이 주고받는 대화를 얼핏 들었다.

"봤지! 이번에 또 빌어먹을 FLN 연놈을 잡았다네!"

주인장이 손님의 면전에 신문을 휘둘렀고 손님은 별 감흥 없이 고개를 끄덕였다. 《프랑스 수아르》 제1면 기사였다. 프랑수아 부인과 FLN 파리 지부장 사진이 대문짝만 하게 실려 있었다. 언론이 벌써 떠들고 있었다. 지체할 시간이 없었다. 나는 계산을 하고 작업실까지 계단을 한 번에 몇 칸씩 뛰어 올라갔다. 2분 후에는 장갑을 낀 채 커다란 슈트케이스를 들고 택시에 몸을 실었다.

현장에 도착했다. 오베르빌리에 거리의 작은 서민 임대주택은 수위실을 지나지 않고 들어갈 방법이 없었다. 서 여자도 틀림없이 벌써 신문을 봤겠지. 나는 차라리 당당하게 나를 소개하기로 했다.

"안녕하세요, 쥘리앵 프랑수아라고 하는데요. 3층에 사는 프랑수아 부인 오빠입니다."

나는 상대의 신뢰를 얻기 위해 신분증도 제시했다. 수위의 반응은 좋지도 나쁘지도 않았다. 그래서 그냥 한번 물어보자 마음먹었다. 그녀가 경찰을 부르거나 말거나, 적어도 여기가 어딘지 파악하고 일을 처리하는 데 시간이 얼마나 걸릴지 가늠할 수는 있을 성싶었다.

"내 동생 소식 들으셨죠?"

수위가 의아한 눈으로 나를 쳐다보았다.

"아뇨. 무슨 일이라도 있나요?"

"있죠. 아무도 말 안 하던가요?"

"아무 말도 못 들었어요. 뭔데요?"

"파라티푸스로 입원했어요. 나보고 집에 가서 몇 가지 물건을 챙겨서 와달라고 했는데 난 이 집 열쇠가 없단 말이죠. 그래서 일단 문을 따고 들어갔다가 잠금장치를 교체하려고요."

"아, 그래요, 그렇게 하세요. 어머님은 잘 계신가요?"

"아, 아시는군요. 이제 연세가 많이 드셨죠."

나는 3층으로 올라가 그 집을 찾았다. 노루발로 압력을 가하자 문은 한 번에 열렸다. 덧창이 닫혀 있어서 컴컴한 실내로 들어갔다. 전등 스위치를 눌렀지만 불은 들어오지 않았다. 현관의 전기 계량기가 내려가 있었다. 희한했다. 함정일까. 나는 손대지 않았다. 저걸 건드리면 자동으로 인근 경찰서에 신호가 간다든가 해서, 이 건물 앞에서 나를 맞으러 나온 자들을 만날지도 모르니까. 어쨌든 나는 늘 주머니에 펜라이트를 넣고 다닌다.

일단 잠금장치부터 바꿨다. 그리고 나서 아파트 내부를 살폈다. 자네트가 말했던 주방 찬장이 바로 앞에 있었다. 이 안에 들켜서는 안 될 자료가 있다. 하지만 잠겨 있어서 열 수가 없다.

다시 한번 자물쇠를 땄다. 펜라이트로 비춰보니 서류 몇 더미가 나란히 쌓여 있었다. 하나만 대충 들여다봤다. FLN 투사들의 이름, 주소, 납입금이 다 적혀 있었다. 다른 서류에는 사건과 임무 보고서, 주요 책임자들의 이름이 적힌 조직도가 있었다.

또…… FLN의 지시로 아르키(북아프리카 주둔 프랑스 군대의 원주민 보충병)로 활동 중인 알제리인들의 명단도 있었다. 등골이 서늘했다. 자료, 보고서, 회계장부, 서한…… 서류가 계속 나오는데 파리 지부의 일상생활이 낱낱이 나열되어 있었다. 빨리 손을 써야 했다. 경찰이 이걸 봤다가는 대학살이 일어날지도 몰랐다.

나는 가방에 서류를 마구잡이로 쑤셔 넣고 나갈 채비를 했다. 그러다 문득 좋지 않은 예감에 사로잡혀 동작을 멈추었다. 유죄를 입증할 만한 자료가 이 찬장 말고 다른 데도 숨겨져 있다면?

나는 일을 확실히 하기 위해 아파트를 구석구석 살폈다. 아니나 다를까, 비로 옆 벽장에도 서류가 있었다. 화장실에도 찢어서 버린 서류들이 쓰레기봉투 안에 들어 있었다. 조각이 너무 커서 이어 붙여서 내용을 파악하기가 어렵지 않았다. 이걸 한 번에 다 가지고 나갈 수는 없었다. 여기서 태웠다간 연기 때문에 의심을 살 것이다. 선택의 여지가 없었다. 나는 절대 들켜서는 안 될 서류들, 다시 말해 이름, 사진, 결정적 정보가 든 것만 챙겼다. 라디오나 벽장 속에서 발견한 소총은 손대지 않았다. 시간이 없었고 가방 안에 넣을 데도 없었다. 나는 다시 문을 잠그고 무거운 가방을 들고 계단을 내려왔다. 수위실에서 인사를 하고 지폐를 한 장 건넸다. 너무 많지도 너무 적지도 않은 액수로.

"오늘은 이것만 챙겨서 가야겠어요. 내일 조카를 보낼 테니까 애가 찾아와도 놀라지 마세요. 조카가 집을 싹 치우고 새 열쇠를 맡길 겁니다."

자네트는 나에게 역 바로 앞에 있는 카페 '테르미뉘스 노르'에서 정오에 리비오를 만나 자료를 넘겨주라고 했더랬다. 역으로 가기 위해 택시를 여러 번 바꾸어 탔다. 서류를 분류하느라 애초에 생각했던 시간보다 한 시간 반이 더 걸렸다. 리비오는 사색이 되어 초조하게 나를 기다리고 있었다.

나는 자리에 앉자마자 탁자 밑으로 가방을 밀어 넣었다.

"이거 챙겨."

"내가 들고 갈 순 없어." 리비오가 발로 가방을 밀어냈다.

"왜?"

"나는 알제리대학생연합 위원이야. 이미 요주의 인물로 올라가 있을걸."

"아니, 애초에 그런 얘긴 없었잖아…… 좋아, 가방은 내가 알아서 할게. 하지만 그 집에 아직도 뭐가 많이 남아 있어. 자료, 총, 라디오 등등."

"사람을 보낼게."

"여기, 열쇠."

가방을 도로 가지고 나오면서 더욱더 촉각을 곤두세웠다. 손목시계를 확인했다. 내가 타야 할 벨기에행 열차는 이제 막 떠났다.

# 12

7년에 걸친 독립 투쟁, OAS의 폭탄 테러가 하루가 멀다 하고 일어나고 알제리 독립투사들에 대한 학살과 고문이 끊이지 않은 세월이었다. 파리의 1961년 10월 17일 평화 시위는 참극으로 이어졌고[40] 프렌 교도소의 단식투쟁은 더욱더 치열해졌으며 브뤼셀 라루아 거리의 문서위조 작업실은 나의 감독하에 글로리아 드 에레라, 일명 '카티아'가 실무를 전담했다. 이제 사진제판과 문서 인쇄 외에도 내가 감당해야 할 임무가 있었기 때문이다.

프랑스가 협상을 계속 거부할 경우 위조지폐를 대량 유포해 국

---

40  이날 알제리인의 야간통행금지를 반대하는 평화 시위가 열렸는데 시위에 참가한 알제리인들이 맞아 죽거나 초주검 상태로 센강에 버려지는 참극이 벌어졌다. 나중에 익명의 경찰들이 그날의 참상을 고발하는 글을 발표하기도 했다.(옮긴이)

가 경제를 뒤흔든다는 발상은 이미 오래전부터 있었다. 요컨대 경제 범죄다. 종전을 앞당기기 위한 좀 더 과격한 행동이기도 하고. 하지만 이 작전이 먹히려면 위조지폐가 정말로 그럴싸해야 했다. 우리는 행동에 들어갔다.

이러한 시도가 처음은 아니었다. 제4인터내셔널[41] 수장 미셸 파블로는 네덜란드에서 우수한 작업물을 내놓는 인쇄소를 여러 군데 물색했다. 하지만 그중 하나에 네덜란드 정보부 특수 요원이 침투해 있을 줄은 몰랐다. 위조지폐가 생산되자마자 관련자들은 모두 경찰에 체포되었다.

우리는 감당하지 못할 사태를 미연에 방지하기 위해 외부 협력은 일절 배제했다. 나의 작업실은 국영 인쇄소만큼 빠르게 물량을 소화하지 못했지만 그래도 일주일 동안 상자 하나를 갓 뽑은 프랑화 지폐로 가득 채울 수는 있었다. 다니엘, 오마르, 카티아만이 이 사실을 알았다. 우리는 위조지폐의 발행 한도를 정해두지 않았다. 전쟁이 끝날 기미가 보이지 않는 한 위조지폐를 계속 만들 계획이었다.

벨기에 생활은 격동의 소용돌이 속에서 시작되었다. 프랑수아 부

---

41 트로츠키주의자들의 국제 연대 기구로 1938년 파리에서 창립되었다. 스탈린의 코민테른으로는 국제 노동자 계급을 이끌 수 없다고 판단한 트로츠키를 비롯한 마르크스주의자들이 조직했다.(옮긴이)

인의 자택 물건을 옮기느라 나는 브뤼셀에 예정보다 24시간 뒤에 도착했다. 어쨌든 위험한 자료가 든 가방은 무사히 빼냈고 촬영 스튜디오의 다락방 벽장에 숨겨둔 물건들은 브뤼셀로 보내달라고 마리알린에게 말해두었다. 결국 하루 늦게 같은 시각에 출발하는 기차를 탔다. 내 아이들에게 끝내 작별 인사도 못하고 떠나서 마음이 아팠다.

원래 가구가 딸린 어떤 집으로 가기로 했는데 하루 늦게 갔더니 아무도 없었다. 하지만 브뤼셀에서 FLN 프랑스연맹 연방위원회를 1957년부터 이끌고 있던 오마르 부다우드를 처음으로 만났다. 그다음에는 자네트와도 조우했다. 자기 때문에 내가 체포됐을까 봐 하염없이 울었다고 한다. 그리고 머지않아 나의 오른팔이자 동거녀가 될 카티아도 만났다. 내가 기적적으로 브뤼셀에 나타나자 다들 부활을 목격하기라도 한 것처럼 기뻐했다. 게다가 내가 수백 명의 투사 이름이 적힌 명부까지 무사히 빼내 왔으니 얼마나 안도했을까.

오마르와 나는 첫 만남부터 마음이 잘 통했다. 결코 가식이 아니었다. 그가 지도자로서 역량이 뛰어나다는 얘기는 전부터 들었고 실제로 보니 과연 평판대로라는 생각이 들어 흡족했다. 오마르는 그릇이 큰 사람이었고 차분함, 지성, 신속한 판단력을 보여주었다. 오마르는 나의 레지스탕스 활동, 불법 이민 지원, 유대인이면서도 알제리 독립 투쟁에 참여한 이력에 특별한 존경심을 표했다.

나는 당시 몇 주 전부터 위조지폐 작전을 재개할 수도 있다고 생각했다. 단 둘이 있을 때 그런 뜻을 내비쳤지만 오마르는 별로 내켜하지 않았다. 네덜란드에서 실패한 적이 있었기 때문이다. 작전은 실패했지만 아이디어 자체는 나쁘지 않으니 좀 더 연구해봐도 좋을 성싶었다. 나는 오마르에게 이 전쟁이 끝나지 않을 것 같은 기분이 든다고 말했다. 이 상태로 몇 년 더 가면 프랑스와 알제리의 상호 증오는 돌이킬 수 없을 지경이 되고 양국이 우호 관계를 맺길 바라는 우리의 희망은 물거품이 되고 말 터였다. 무장투쟁, 외교 협상, 의식 전환을 위한 선전 활동, 정치 논쟁, 젊은 병사들의 불복종 운동까지 우리가 할 수 있는 일은 다 해본 것 같다. OAS의 테러가 그에 맞먹는 폭력 대응을 불러올 것 같아 이 역시 걱정이었다. 그래도 우리 네트워크가 개입한 덕분에, 무엇보다 프랑시스 장송의 호소 덕분에 프랑스 내에서 벌어지는 전쟁은 면했다. 하지만 1958년 당시 FLN 프랑스연맹은 4년간 이어진 알제리 전쟁에 대응하기 위해 파리 시내 테러를 계획하고 있었다. 장송은 오마르에게 테러는 반드시 군인, 경찰, 기업인만을 표적으로 삼아야 한다고 설득했다. 나는 평화주의자로서 테러보다는 '위조지폐' 프로젝트가 폭력성을 자극하지 않으면서 적들을 압박하기에 좋은 수단이라고 믿었다. 7년의 갈등이 국가 재정에 영향을 주지 않았을 리 없다. 정부는 이미 흔들리고 있는 경제가 더욱 악화되는 상황을 두고만 볼 것인가? 결국 오마르도 반대하지 않았고 우리는 위조 서류에 우선순위를 두되 위조화폐

프로젝트도 추진하기로 했다.

벨기에는 국경을 넘으려는 자들에게 사거리 같은 나라였다. 벨기에 법률상 외국인은 3개월 넘게 체류하는 경우에만 신고를 하면 되었다. 그래서 3개월에 한 번씩 거처를 옮기고 신분증을 바꾸면 신고를 언제까지고 피할 수 있었다. 벨기에 지도부에서는 수많은 결정을 내렸다. 연방위원회 5인—회장인 오마르 부다우드, 조직 총책 카두르 라들라니, 일명 '페드로', 언론 정보 총책 알리 하룬, 특수 군 조직인 OS 책임자 사이드 부아지즈, 재정 담당 압델크림 수이시—은 적어도 한 달에 한 번, 실제로는 훨씬 더 자주 벨기에에 들렀다. 따라서 장송 네트워크에 몸담았딘 이들이 몇 년 전부터 벨기에에 몸을 숨긴 것은 우연이 아니었다. 벨기에에서 투쟁은 계속될 수 있었다. 장송의 보좌관 다니엘은 탈주 조직 운영을 손에서 놓은 적이 없었다. 퀴리엘의 오른팔은 프랑스의 일을, 다니엘은 국외 도피를 도맡고 있었다. 벨기에 네트워크는 용기 있는 인재들로 구성된 탄탄한 조직이었다. 그들은 주로 안내인 역할을 맡아 벨기에, 프랑스, 독일, 스위스, 이탈리아 국경을 넘었다. 새벽 4시에 깨워서 긴급한 임무와 위조 신분증을 맡겨도 싫은 기색 한 번 보이지 않는 사람들이었다. 프랑스에서는 어디를 가든 모리스 파퐁의 하수인들을 피할 수 없었던 반면, 벨기에 경찰들은 잠잠한 느낌이었다. 여기서는 미행당하는 느낌이 들지 않았다. 하지만 이런 분위기에 마음을 놓아선 안 된다.

차 문을 열 때, 소포를 뜯어볼 때 플라스틱 폭탄이 없는지 확인하고 늘 조심해야 했다. OAS의 유혈 테러는 프랑스 영토에 국한되지 않았다.

벨기에서 나는 머뭇거릴 새가 없었다. 모든 일을 원점에서 다시 시작해야 했기 때문이다. 초현실주의 화가이자 미술품 복원 교육을 받은 카티아가 나를 돕기로 얘기가 되어 있었다. 카티아는 미국인으로 장송 네트워크 설립 초기부터 열심히 활동한 공산주의자였고 매카시즘을 피해 사진작가 만 레이, 시인 앙드레 브르통과 한 배를 타고 벨기에로 건너왔다. 내가 도착하기 전, 네트워크에 속해 있는 어느 가족의 집에 일할 공간을 마련해준 사람도 카티아였다. 우리는 그 집 식구가 아침에 나가면 들어가서 그들이 집에 돌아오기 전에 나갔다. 나는 작업실에서 가져온 부품들을 24시간 안에 재조립했다. 그다음에 작은 확대기를 사서 형판을 찍어내는 복제기로 만들었다. 네트워크에는 작은 수동 인쇄기를 구입해달라고 했다. 죄뇌르 거리의 거대한 평판인쇄기에 비하면 보잘것없었지만 첫술에 배부르랴. 입체 및 평면 인쇄용 감광판도 손수 만들었다. 레지스탕스 투쟁 시절에 자전거 바퀴로 만들었던 원심기는 이제 78회전 전기 턴테이블의 내부 구동벨트를 손보아 속도 조절이 가능하도록 만들었다.

나는 얼마 안 가 장소를 옮겨야 했다. 네트워크의 한 동지가 라루아 거리의 널찍한 공간을 쓰게 해주었고—나중에 알았지만 한때 붉은 오케스트라[42]의 벨기에 지부 자리였다—우리는 이제 위조지폐를 생산할 수 있게 되었다.

나는 100프랑 신권을 위조 대상으로 선택했다. 100프랑이면 충분히 큰 액수였다. 종이의 구조, 무게, 경도, 구겨질 때 나는 소리, 돈을 세면서 손가락으로 밀어낼 때의 감촉, 표면의 질감을 연구해야 했다. 나는 최대한 비슷한 종이를 찾아 벨기에의 모든 상점을 뒤지고 다녔다. 운 좋게도 어느 도매상의 창고에서 느낌이 상당히 흡사한 종이를 찾았다. 이제 담금 과정에서 조직이 너무 부풀지 않도록 알코올 염색 기법으로 종이를 살짝 물들이기만 하면 은행권과 똑같은 바탕지를 얻을 수 있었다. 그후 내가 제작한 특수 압연기 레벨을 빡빡하게 맞춰놓고 종이를 매끈하게 가공했다. 100프랑 신권에는 붉은색 목깃에 노란 줄이 들어간, 초록색 웃옷 차림의 나폴레옹이 개선문을 바라보고 있는 초상이 들어 있었다. 검은색 잉크로 된 금액 표시는 미세하게 도드라졌다. 지폐 가장자리에도 복잡하고 섬세한 장식이 있었다. 지폐 위조에 필요한 잉크와 염색제 선택으로 얼마나 골머리를 앓았는지. 마지막으로 상단과 하단의 워터마크 밀도도 분석해야 했다. 채색도 문제였다. 몇 주간 연구와 테스트에 매달린 결과, 이거다 싶은 결과를 얻어냈다. 그리하여 작업실 창고에 지폐가 조금씩

---

42  제2차 세계대전 당시 레오폴드 트레퍼가 이끌었던 반나치 러시아 첩보 조직.

쌓이기 시작했다. 처음에는 작은 상자로 하나밖에 안 나왔다. 그 다음에는 두 상자, 세 상자…… 이렇게 계속 늘어났다.

평범한 하루, 오후도 저물녘이었다. 카티아가 하품을 하고 눈을 비볐다. 운전면허증에 마지막 사진 한 장만 박으면 오늘 업무는 끝이다. 촉박하게 들어온 의뢰 때문에 어젯밤은 거의 새우다시피 했다. 다니엘이 오후 늦게 찾아와 세실 마리옹, 일명 '마리아'가 한밤중에 숲을 통해 프랑스 국경을 넘을 거라면서 프랑스 신분증과 운전면허증을 요청했다. 그래서 나는 밤늦게 작업실로 돌아갔고 카티아도 혼자 있기 싫다면서 나를 따라나섰다. 우리는 완성된 서류를 마리아에게 직접 가져다줬다. 그녀는 우리를 기다리다가 잠이 들었던 모양이다. 졸려서 눈도 잘 못 떴지만 그래도 평소처럼 미소를 지어 보였다. 마리아는 5년째 고생하고 있었다. 어디든 무사통과할 정도로 천사 같은 금발 미녀였기 때문에 조직의 연락책을 너무 많이 맡았다. 마리아는 한 시간 후인 새벽 3시 차를 타야 했기 때문에 자기가 잠들지 않도록 같이 있어 달라고 했다.

내가 마지막으로 사진을 신분증에 부착하는 동안 카티아는 담배를 피워 물고 한숨을 쉬었다.

"밖에 나가 있을게. 바람 좀 쐬고 싶어." 카티아가 외투를 걸치고 나갔다.

나는 늘 그렇듯 불을 끄고 나가기 전에 창고 문을 열고 점점 더 불어나는 생산품을 점검했다. 프랑화 신권으로 가득 찬 상자들이 약 1제곱미터 공간을 차지하고 있었다. 이게 다 얼마나 되려나? 솔직히 감도 안 잡혔다. 일부러 세어보지 않았으니까. 나는 문을 잠그고 밖에서 기다리는 카티아에게 갔다. 매일 오후 우리는 석양빛을 즐기며 집까지 느긋하게 걸어갔다. 벨기에 지하 생활 수칙에 걸맞게 얼마 전 네 번째로 거처를 옮기고 신분증도 교체했다. 새 거처는 가구 딸린 멋 없는 스튜디오였지만 사블롱 지구가 한눈에 내려다보이는 전망이 끝내줬다. 카티아는 집에 도착하자마자 기계적으로 라디오를 켜고 옷걸이에 외투와 가방을 걸었다. 담뱃불을 붙이고 소파에 털썩 주저앉았다. 갑자기 숨이 멎고 온몸이 경직되었다. 라디오에서 지직거리면서 방송이 흘러나왔다. "역사적인 날"이라고 기자가 몇 번이나 말했다. 에비앙 협정이 체결된 것이다. 1962년 3월 18일, 드디어 정전협정이 이루어졌고 알제리는 독립했다. 오랜 노력이 드디어 열매를 맺은 것이다. 카티아가 평화와 안도가 넘치는 눈으로 내 눈을 바라보았다. 우리 주위의 도시는 평온하다 못해 적요했다. 기쁨의 탄성도, 날카로운 환호도 없었다. 브뤼셀은 알제리의 독립을 '축하'하지 않았다.

우리 집에서도 파티는 열리지 않았다. 그렇지만 우리는 행복했다.

바로 떠오른 생각은 전처 자닌에게 전화를 걸어 아이들과 통화를 하고 싶다는 것이었다. 이때를 얼마나 오랫동안 기다렸는가! 아이들을 못 본 지 2년이 다 됐다. 나는 흥분해서 전화번호를 눌렀다. 자닌이 전화를 받았다. 마르트와 세르주가 놀면서 까르르 웃는 소리가 수화기를 통해 귓전에 울려 퍼졌다. 나는 그동안 했던 일을 구구절절 설명하고 아이들을 열차에 태워 브뤼셀로 보내줄 수 있겠느냐고 말했다. 그때 자닌이 했던 말이 고스란히 기억난다. "우린 당신이 죽었다고 생각했어, 아돌포. 하지만 난 당신이 살아 있다면 틀림없이 좋은 일을 하고 있을 거라고 생각했어."

**"그럼 돈은 다 어떻게 됐어요?"**

어떻게 했을까? 당연히 소각했다. 위조지폐를 달리 쓴다는 생각은 꿈에도 해보지 않았다. 우리는 지폐에 미리 고유번호를 매길 만큼 바보는 아니었다. 전쟁이 끝나지 않으면 유통시킬 작정이었고 그때 가서 번호를 적어 넣어야겠다 생각했다. 하지만 나는 지폐들이 시중에 풀리는 일은 없기를, 어떻게든 정부가 외교적으로 돌파구를 찾기를 바랐다.

    돈 문제가 즉시 골칫거리로 떠올랐다. 언제나 돈 때문에 사달이 난다. 나는 카티아를 절대적으로 신뢰했고 위조지폐가 어디 있는지 아는 사람은 그녀뿐이었다. 그런데 어떻게 이야기가 새어나갔을까. 우리끼리 나누는 대화를 누군가 듣고 알아차렸는지 모르겠다. 돈은 탐욕을 부채질한다. 돈의 속성 자체에 참여를 변

질시키고 가장 청렴한 영혼들마저 타락시키는 힘이 있다. 고유 번호를 너무 일찍 매겼다가는 내 목숨이 위태로울 터였다. '위조지폐' 프로젝트를 시작한 후로 내가 더욱더 경계해야 할 일이 많았다. 주변 사람들도 하루아침에 태도가 달라졌다. 네트워크의 어떤 여성 동지가 갑자기 적극적으로 접근한 일도 기억난다. 4년이나 알고 지냈지만 그전에는 그런 낌새도 없었다. 모든 이를 사사건건 경계한다는 것은 피곤한 일이다. 위조지폐 문제에서 해방되는 것은 나에게도 홀가분한 일이었다. 이제 두 발 뻗고 살 수 있을 터였다.

 위조지폐 소각이 쉬운 일이라고 생각하지는 말기를. 지폐는 잘 타지만 또 한편 살 날아간다. 소량씩 소각하다 보니 한 달이나 걸렸다. 얼마나 많았으면! 카티아의 도움을 받아 어느 동지의 집 정원에 구덩이를 파고 매일 조금씩 위조지폐를 태웠다. 기쁨의 불꽃이 영원히 꺼지지 않을 것만 같았다. 나는 1년에 걸친 작업의 결과물이 불타는 것을 멍하니 바라보았다. 즐거웠다. 우리는 전쟁이 끝나고 평화가 돌아왔다는 생각에 취해 있었다.

# 13

나는 알제리와 프랑스가 정전협정을 맺은 지 정확히 1년 후인 1963년 여름에 프랑스로 돌아왔다. 전쟁이 끝났어도 벨기에에서 하던 일은 그렇게 금방 끝나지 않았다. 여전히 비밀리에 활동하는 지도자와 동지의 안전을 보장하기 위해 할 일이 있었다. 불법으로 국경을 넘어온 이들은 돌아가야 했고 작업실, 집, 차를 처분해야 했으며 위험한 물건은 전부 없애고 불법 활동의 마지막 흔적까지 지워야 했다. 그러다 보니 꼬박 1년이 걸렸다.

네트워크에 몸담았던 동지들 상당수는 국가 재건에 참여하기 위해 알제리로 떠났다. 하지만 나는 알제리로 떠날 이유가 없었다. 나는 할 일을 했을 뿐이고 알제리는 독립을 쟁취했으니 정치 문제는 내 소관이 아니었다. 더욱이 혁명을 추구했던 이들끼리 권력을 다투느라 동족상잔의 비극을 일으키고 있다는 점도 기가 막혔다. 반식민주의 투쟁이 끝나자마자 알제리는 자기네끼리 전쟁을 벌이고 있었다. 나는 프랑스 군대 보충병이었던 알제리인들이 맞닥뜨린 운명에도 심한 충격을 받았다. 학살을 방관하는 알제리 정부의 태도에도 분노했지만 그들이 어떤 보복을 당할지 뻔히 알면서 현지에 두고 떠나버린 프랑스 정부가 더 괘씸했다. 너무나 부도덕하고 비겁한 행태였다.

카티아도 프랑스로 돌아가기를 원했다. 우리는 벨기에 네트워크 동지에게 차를 빌려서 몰래 국경을 넘어 파리로 갔다. 사실 나는 본명으로 여행을 해도 위험할 이유가 없었지만 불법적인 일을 하려고 프랑스를 떠났고 내 신원을 확인해줄 서류는 죄뇌르 거리 작업실에 다 두고 온 터였다. 반면, 카티아가 처한 상황은 훨씬 더 복잡했다. 그녀는 언제라도 범죄자로 낙인찍힐 수 있었다. 장송 네트워크가 붕괴될 때 다른 사람들과 함께 구금 상태에서 재판을 기다려야 했지만 미국 국적자라서 임시 석방되었다. 분명 유죄 선고를 받고 형을 살게 될 터라 우리는 장송과 함께 카티아를 스위스, 독일을 거쳐 벨기에까지 도주시켰다. 카티아는 언론에 사진도 났기 때문에—특히 1960년 《파리 프레스》 2월호에 실린 'FLN에 가담한 파리 여자들'이라는 기사에서는 그녀를 우리 네트워크의 모집원으로 소개했다—가발을 쓰고 위조 여권을 가지고 국경을 넘었다. 궐석재판으로 판결을 받은 여성 동지들 중에서 로케트 교도소 수감을 면한 사람은 카티아뿐이었다.

죄뇌르 거리의 작업실로 돌아갔다. 그동안 마리알린을 통해 임대료를 계속 냈는데 프티 씨는 내가 없는 동안 주방 옆 식당으로 쓰던 공간에 사무실을 차려놓았다. 그는 내가 돌아오자 그곳을 비워달라고 할까 봐 걱정을 했다. 하지만 나는 오히려 그 편이 좋았다. 해당 층은 프티 씨가 함께 써도 좋을 만큼 널찍했고 그의 사무실 덕분에 전체적으로 깨끗하게 관리되고 있었기 때문이다. 나는 다시 회사를 운영하고 사진가로 일했다. 내 상자들과 거기 담긴 귀중한 물건들은 잘 남아 있었다. 카티아와 지낼 작은 집도 구했고 친구, 가족, 고객들에게 내가 돌아왔노라 알렸다.

내가 어느 날 갑자기 자취를 감춘 사연은 크게 두 버전이 있었다. 행동에 참여했던 지인들은 대충 내막을 알고 있었다. 그렇지 않은 사람들은 내가 마리알린과 헤어진 후 파리에서 떠나 있고 싶어서 독일 아그파 사에 일하러 간 것으로 알고 있었다.

화창한 여름이었다. 피서객들은 도시를 떠났고 파리는 그림엽서처럼 말쑥하고 고요했다. 여자들에게는 남자아이 같은 숏컷이, 남자들에게는 화려한 색깔의 바지가 유행이었다. 파리로 돌아온 나는 햇살 비치는 거리, 강변, 공원을 누비며 평화로운 세상을 카메라에 담았고 행복했다.

그러나 카티아는 행복하지 않았으니 이른바 '투쟁 후 우울증'을 앓고 있었다. 불행히도 나에게도 낯설지 않은 심각한 증상이었다. 하나의 투쟁이 끝날 때마다 지독한 후유증을 앓았다. 비밀의 삶은 지울 수 없는 부작용을 남긴다. 사람의 내면 가장 깊은 곳에 아로새겨지기 때문에 손바닥 뒤집듯 쉽게 떨쳐낼 수 없다. 언제나 두려움을 안은 채 자유와 목숨을 내놓고 사는 법을 배웠으니까. 아찔한 위험과 낭만의 맛을 보아버렸으니까. 언제나 긴박한 상황에서 순수한 대의에 자신을 바칠 각오로 살았으니까. 그런 사람들이 사회로 돌아가기는 너무 힘들다. 카티아는 더 이상 그림을 그리지 못했고 소박한 것들에 만족하지 못했고 어떤 감흥도 느낄 수 없었다. 자신이 쓸모없는 존재 같고 외롭기만 했다. 비밀 투쟁 특유의 불안 섞인 도취감은 사라져버렸다. 이제 카티아는 일상이 의미 없고 지리멸렬해서 견딜 수 없었다. 완전히 우울증에 빠진 것이다.

나 나름대로 카티아의 기분을 풀어주고 기운을 북돋우려고 노력했지만 소용없었다. 내가 하는 행동이나 말로는 그녀를 치유하지 못했다.

우리는 서로 사랑했지만 카티아는 옛 연인 베라를 잊지 못하고 있었다. 베라는 여전히 로케트 교도소에서 복역 중이었고 카티아는 도주 상태였기 때문에 베라를 면회할 수가 없었다.

카티아는 외출을 전혀 하지 않았다. 무기력한 모습을 친구들에게 보이고 싶지 않았기에 모든 초대를 거절했고 초현실주의 화가들 모임에도 나가지 않았다. 홀로 슬픔의 무게를 감당하기로 결심한 카티아는 위스키에 의지했다. 언제나 마지막 한 방울까지 비우지 않고는 잠들 수 없을 만큼.

나는 카티아를 이해했다. 하지만 내 존재가 아무런 도움이 되지 않는다는 사실을 알았기에 그냥 작업실에 틀어박혀 살았다. 일이 나에게는 심리치료였다. 이번에는 개인적 야심, 앞날의 계획이 있었다. 나의 작품 사진, 해방 이후 촬영한 수천 장을 현상하고 싶었다. 나도 전시회를 열고 정치에 참여하느라 마음껏 펼치지 못한 예술가의 꿈을 펼칠 작정이었다. 내 상자들 속에는 조명되기만을 기다리는 훌륭한 사진이 많았다. 게다가 나도 이제 서른여덟 살이었다. 친구들은 저마다 자기 분야에서 이름이 나기 시작했다. 지금까지는 나 개인의 이력을 돌보지 않았지만 이제는 때가 된 것 같았다.

하지만 내가 돌아왔다는 소식이 알려지자마자 프랑코에 저항하는 스페인 친구들이 보러 왔다. 과거에 발목 잡힐지 모른다는 생각은 했지만 숨을 돌리자마자 이렇게 될 줄이야. 파리를 떠나기 전에 나의 노하우를 속성으로 전수했기 때문에 이제 그들 스스로 문제를 해결하리라 생각했다. 하지만 잘 배운다고 해서 실력 있는 위조범이 되는 것은 아니다. 문서는 계속 바뀌기 때문에 문서위조 역시 끝없이 연구해야 하는 일이다. 한 사람이 비밀리에 투사로 살려면 신분증만 가지고는 안 된다. 운전면허증은 물론이고 거주지를 확인해줄 수 있는 자질구레한 문서들, 이를테면 전화요금이나 전기요금 영수증까지도 만들어줘야 한다.

그들을 재교육해야 하는데 시간을 잡기가 쉽지 않았다. 공산주의자 호세, 트로츠키주의자 카를로스, 무정부주의자 후안은 나에게 지난 2년간 어디 있었느냐고 묻지 않을 정도의 눈치는 있었다. 하지만 정치적 견해 차이 때문에 셋이 한 자리에서 만나 협력하는 것은 거부했다. 나는 마음이 급했다. 최대한 빨리 그쪽 인력을 교육해주고 이 일에서 손을 떼고 싶었고, 그들의 노력이 조속히 결실을 맺어 스페인이 그놈의 프랑코를 치워버릴 수 있기를 바랐다. 하지만 무엇보다, 더 이상 나의 자유를 희생하고 싶지 않았다. 아무튼, 장차 운명을 함께할 어느 비범한 사내를 처음 만날 무렵 내 마음은 그랬다.

9월 어느 날 오후였다. 무슨 조화인지—그런 일은 매우 드물었는데—작업실에 한꺼번에 손님들이 들이닥쳐 대기실에 사람이 많았다. 문제의 사내는 중키에 어깨가 각지고 배가 살짝 나왔으며 조르주 브라상[43]처럼 검고 무성한 콧수염을 길렀다. 맨 먼저 온 손님이었지만 자신은 급하지 않다면서 다른 손님들 일을 먼저 봐주라고 정중하게 말했다. 그러고는 신문을 들고 안락의자에 콕 박혀 느긋하게 대기 상태에 들어갔다.

    마침내 우리 둘만 남자 그가 손을 내밀었다. "스테판이야. 자네트를 통해서 얘기 많이 들었어. 의논하고 싶은 게 있어."

---

43 프랑스 음악계에서 대표적인 음유시인으로 알려져 있으며, 현재까지도 브라상의 음악과 가사는 많은 사람에게 영향을 미치고 있다. (옮긴이)

이름으로 자기를 소개한 데다 나의 옛 연락책 사네트를 들먹이며 말을 놓은 것으로 보아 FLN을 지원하는 조직 출신임이 분명했다. 나는 문을 모두 닫아걸고 심각한 얘기를 나눌 준비를 했다.

사내를 좀 더 소개해보겠다. '스테판.' 본명 조르주 마테이. 나이는 삼십 대였다. 코르스섬에서 태어났고 공산주의 레지스탕스인 FTP 집안 출신으로 알제리에서 군 복무를 했다. 군대는 그에게 "살인을 가르쳤다". 같은 세대 청년들이 그러했듯이 스테판 역시 1956년에 알제리에 "평화를 재건한다"는 명목으로 재소집을 당했다. 확고한 반전주의자이고 누구보다 알제리의 평화를 간절히 바랐기에 재소집 거부 시위에 나섰다가 주동자로 찍혔다. 군 당국은 그를 '골치 아픈 사병'들과 함께 그랑드 카빌리[44]로 보내버렸다. 그는 고문의 참상을 목격했고 프랑스에 돌아와 사건의 진상을 밝히기 위해 《레 탕 모데른》에 「카빌리의 나날들」이라는 글을 발표하기도 했다.

스테판은 사르트르나 보부아르와도 가깝게 지내는 기자였고 무엇보다 휴머니스트였다. 1959년에 장송 네트워크가 해체된 후 퀴리엘 네트워크에서 비밀리에 독립운동 자금을 운반하는 일을 책임졌다. 그는 보기 드물게 유능한 인재로서 정전 때까지 퀴

---

[44] 알제리에서 베르베르인이 주로 사는 지역으로 아랍인 지역과는 다른 문화적 정체성을 나타낸다.(옮긴이)

리엘의 오른팔 노릇을 했다.

스테판과 나는 알제리에 대한 생각을 주고받았다. 그는 1962년 알제리에 갔지만 '피에루주pied-rouge'[45]로 정착할 마음은 없었다. 알제리 재건은 알제리인들이 할 일이고 프랑스인이 끼어드는 것은 또 다른 모양새의 식민주의 같아서 마뜩지 않다고 했다.

우리는 여러 면에서 생각이 일치했다. 둘 다 종교적 근본주의가 떠오르는 상황을 우려하고 있었다. 그렇지만 알제리 국민이 130년의 식민 역사를 극복하고 국가 정체성을 수립하는 데 충분한 시간이 필요하다고 보았기에 그들의 미래에 커다란 희망을 품었다.

그는 나에게 아프리카 해방운동에 대해서 알려주었다. 지금은 알제에 사무실을 두고 알제리 정부의 지원을 받는다고 했다. 프랑스에서는 퀴리엘이 자기 조직을 통해 그들을 돕고 있었다. 여기에는 합법적 연대와 불법적 행동이 모두 포함되어 있었는데 두 활동을 조율하는 것이 스테판의 일이었다. 그는 임무를 기꺼이 받아들였으나 퀴리엘의 조직에 소속되는 것은 거부했다. 독립성을 지키고 싶었고 정치적 견해도 달랐기 때문이다. 특히 퀴리엘이 벤 벨라[46]에게 합류한 후로 그들의 관계는 소원해졌으나

---

45 '붉은 발'이라는 뜻으로 좌익 성향의 프랑스인으로서 알제리 독립을 지지하다가 이후 알제리에 정착한 사람을 가리킨다.(옮긴이)

협력을 끊지는 않고 있었다.

더욱이 스테판은 아프리카 대륙만 바라보고 있지 않았다. 남미의 혁명 투쟁에도 관심을 기울이고 있었던 것이다.

그는 1961년에 쿠바를 처음 여행하면서 많은 사람을 만났고 남미, 특히 아르헨티나, 베네수엘라, 브라질, 칠레, 도미니카공화국의 혁명 지도자들과 진실하고 지속적인 우애를 나누고 있었다.

나는 이 콧수염 사내가 마음에 들었다. 잘난 척하지 않고 뭐든 숨기지 않았으며 자신의 전적을 떠벌리지도 않았다. 어떤 정당에도 가입하지 않고 네트워크에도 속하지 않으며 독립적으로 활동한다는 점에서도 안심이 되었다. FLN 지원 네트워크는 조직원들이 부주의한 행위를 연발해 대거 체포되었기 때문이다. 사상 최고 기록이라고 할 정도였다. 스테판은 진중함, 충직함, 인간미라는 세 가지 자질이 특히 두드러졌다. 극도로 호감형인 데다 시야가 넓고 국제정치에 대한 식견이 깊어서 우리의 토론은 어둠이 내려앉을 때까지 끝날 줄 몰랐다. 물론 나는 스테판이 전 세계의 해방 투쟁을 논하자고 찾아오지는 않았을 테니, 예의를 차리느라 용건부터 말하지 않는 것이겠거니 했다. 과연, 그는 저녁이 다 되어서야 자신이 심각한 정치적 위기에 빠져 있는 도미니

---

46 FLN의 최고 간부였으며 알제리 독립 이후 초대 총리, 초대 대통령을 지낸 아메드 벤 벨라를 가리킨다.(옮긴이)

카공화국에서 오는 길이라고 밝혔다. 새로운 민주주의 체제는 30년의 가혹한 독재에 종지부를 찍었지만 얼마 가지도 못해 군사 쿠데타에 전복되었다. 도미니카공화국은 전쟁터가 되어 있었다. 수배당한 지도자들은 도망쳤다. 혁명가들은 앞 다투어 산속에 모여 무장투쟁을 조직했다. 군은 독재에 저항하는 자들은 모두 처단하겠노라 선포했다. 살아남거나 도주하거나 싸우려는 혁명가들에게는 서류가 필요했다.

  나는 망설이지 않고 돕겠다 했지만 몇 가지를 확실히 해두어야 했다. 내가 일을 하는 데 반드시 지켜져야 하는 조건이 있었기 때문이다. 연락책을 한 명(스테판 본인)으로 정하고 나의 독립성을 지켜달라고 했다. 중간 전달자나 심부름꾼을 보낼 경우 어떤 의뢰도 받지 않겠다고 미리 경고했다. 전화 연락은 삼가고 최소한으로 해달라고도 했다. 접선 장소는 작업실로 정했다. 도청으로 인한 체포 위험을 막기 위해 전화로 약속을 잡거나 밖에서 볼 때는 반드시 시계 사분면 코드를 활용하여 세 시간 간격이나 하루이틀 간격으로 시간과 날짜를 이해했다. 정오에 보자고 하면 오후 3시에 보자는 뜻이고, 오후 6시에 보자고 하면 오후 9시에 보자는 뜻이었다. 마찬가지로 15분 전은 하루 전, 30분 뒤는 이틀 후를 뜻했다. 그리고 스테판이 네트워크 관계자와 만나기로 한 날은 나를 보러 오지 않는 것으로 정했다. 내가 내세운 가장 중요한 조건은 우리 사이에 돈이 오가지 않는 것이었다. 나는 보수를 지급하겠다는 제안을 딱 잘라 거절하고 대신 의뢰를 수락하거나 거절할 자유를 확보했다. 조금이라도 석연찮은 구석이 있으면 하지 않을 작정이었다.

스테판 자신도 협력 대상의 요청을 거절할 수 있었고 내가 그의 일을 거절해야 했던 경우는 없었다.

처음에는 스테판이 어쩌다 한 번씩 부탁하려니 생각했다. 하지만 이는 오산이었다. 자유를 얻기 위해 싸우는 이들은 세계 도처에 널려 있었다. 도미니카공화국과 아이티에 이어 브라질이 1964년 군사독재의 마수에 빠지고 말았다. 1966년에는 쿠바 아바나에서 삼대륙회의가 열렸고 여기 참여한 이들은 라틴아메리카연대기구(LASO)를 설립했다. 스테판은 프랑스에서 혁명 투쟁을 지원하는 비밀 조직의 위원이 되었다. LASO는 아르헨티나, 베네수엘라, 엘살바도르, 니카라과, 콜롬비아, 페루, 우루과이, 칠레의 혁명운동을 규합하고 소련의 노선에 맞서기로 했다.

그래서 이 나라 혁명가들의 요청이 나의 작업 목록에 차츰 추가되었다. 하지만 그게 다가 아니었다. 스테판은 퀴리엘의 네트워크를 통해 남아프리카공화국의 아파르트헤이트 철폐 운동도 돕고 있었다. 그다음에는 독립을 위해 싸우는 포르투갈 식민지 기니, 기니비사우, 앙골라가 추가되었다. 1967년에 스테판은 베트남 참전을 거부하는 미국의 평화주의자들과도 연대를 맺었다. 인도차이나 전쟁에 참전하지 않기 위해 군 정보부 일을 그만두었던 나로서는 그들의 뜻에 동감하지 않을 수 없었다. 나는 즉시 미국인 탈영병들에게 위조문서를 만들어주었다. 문서의 개수가 결코 적지 않았다는 것만 말해둔다.

그리하여 1967년에 나는 무려 열다섯 개 나라의 투사와 병역기피자들에게 위조 서류를 만들어주었다. 하지만 이마저도 내가 1971년까지 해야 했던 일에 비하면 새 발의 피다.

 위조 활동을, 심지어 이토록 바쁘게 재개하다 보니, 나의 예술적 야심은 다시 무너져버렸다. 조직에서 돈을 받지 않았기 때문에 다른 방법으로 생계를 유지해야 했다. 낮에는 사진가로, 밤에는 위조범으로 살았다. 회사 운영은 늘 어려워 적자였고 매달 돈이 부족해 고생을 했다.

 나의 사생활, 가족과의 관계는 늘 그렇듯 엉망진창이었다. 주말에 아이들을 데리고 외출하겠다는 약속은 지키지 못할 때가 태반이었다. 아이들이 나를 얼마나 기다릴지 알면서도 나는 이유조차 제대로 설명해주지 못했다. 누설해서는 안 될 비밀이 너무 많았기 때문에 가급적 말수를 줄였다. 나중에 감당 못할 거짓말은 최대한 피하고 싶었다. 카티아는 우울증에서 벗어난 후 내 곁을 떠났다. 나는 프랑스공영방송국(ORTF)에서 피에르 셰퍼의 비서로 일하던 리아 라콩브를 알게 되었고 샤를 보들레르 거리에 집을 구해서 함께 살았다. 하지만 나는 밤마다 너무 바빴기 때문에 그녀가 기대하는 생활을 함께할 수 없었다. 나의 연애가 오해로 점철된 게 어제오늘 일은 아니었지만 리아와의 관계는 오해의 끝장판이었다. 나는 밤마다 일에 매달렸지만 리아는 내가 외박을 한다고 생각했다. 나는 그녀를 안심시키지 않았고 (비록 그녀를 보호하기 위해서라고는 하나) 비밀을 털어놓지도 않았다. 그래서 리아는 내가 딴 여자와 함께 있다고 오해하고 원망하면서 새벽까지 기다리곤 했다. 나는 전시회 준비로 바쁘다고 했지만 작품 사진 한 장 보여준 적 없었다. 솔직히 리아 옆에서도 내 정신은 딴 세상에 가 있곤 했다. 하지만 리아가 생각하는 그런 곳은 결코 아니었다. 리아가 결국 폭발했던 그날이 지금도 기억난다.

"내가 30분 동안 떠드는 동안 대꾸도 안 하고 멍하니 뭐 하는 거야? 도대체 생각이 어디 가 있는데?"

"앙골라." 나는 간단히 대답했다.

"앙골라 여자를 만나?"

충돌. 싸움. 눈물. 이해 불가.

나의 비밀은 언제나 이런 유의 문제를 몰고 왔다. 여자 친구가 조직에 몸담은 경우가 아니면 비밀 활동과 연애를 도무지 조화시킬 수가 없었다. 게다가 밤낮으로 일했기 때문에 늘 돈은 없고 휴가도 못 가고 시간이 부족했다. 솔직히 말해, 나는 좋은 연인이 아니었다.

**"그만둘 생각은 안 해봤어요?"**

거짓말은 하고 싶지 않다. 때로는 그런 희생이 지겨웠다. 곡예 부리듯 허다한 일을 해내고, 비용을 감당하기 위해 허구한 날 밤을 새우거나 두 시간씩 쪽잠을 자고, 언제나 신경을 곤두세우고 미행이 붙지 않았는지 확인하고, 내 아이들도 자주 못 보고, 나를 사랑하는 여자들을 힘들게 하고, 지켜야 할 비밀로 인해 지독한 외로움에 시달렸다. 하지만 아주 잠깐이라도 내 손에 달린 이들의 목숨을 생각하면 자기 연민 따위는 사치였다. 나의 연애, 이력, 안락, 기쁨도 위험에 처한 한 생명보다 중요하지는 않았다. 나 자신이 추적당하는 신세였을 때 6부서 요원들이 내밀었던 손길이 내 기억 속에 영원히 아로새겨져 있었으니까.

리아가 토라졌다. 그래도 예쁘기만 했다. 나는 시골로 가기로 했던 주말여행을 이제 막 취소한 참이었다. 리아는 "우리 사이의 침묵을 못 견디겠어"라고 투덜거리면서 라디오를 틀었다. 하지만 나는 그녀가 시위 소식을 궁금해한다는 것을 알았다. 1968년 5월이었다. 리아의 스무 살 남짓한 아들 파스칼이 시위에 참여하고 있었다. 대학생들은 성 해방을 위해 시적 슬로건이 적힌 피켓을 들고 행진하고 있었다. 멋진 일이었다. 나는 프랑스 전역에서 벌어지다시피 하는 노동자들의 파업 시위에도 관심이 많았다.

   전화벨이 울렸다. 리아가 나보다 빨리 전화를 받았다.

   "당신 전화야. 스테판이네." 리아는 여자가 걸어 온 전화가 아니어서 안도하는 기색이었다.

   스테판은 '내일 저녁 8시 45분에 라뤼메리 마르티니크에서 보자'고 말했다. 오늘 오후 6시에 '라클로즈리 데릴라'에서 보자는 뜻이었다. 나는 외투를 걸치고 집을 나섰다.

그는 맥주를 주문했고 나는 평소처럼 크림을 넣은 커피를 주문했다. 스테판은 평소와는 좀 다른 의뢰를 하며 나의 의견을 물었다.

"경찰을 농락하기 위해 위조문서를 원하는 사람이 있어. 어쩌면 체포되기를 바라는지도 몰라. 할 생각 있어?"

"목숨이 위험해?"

"아니. 시위 때문에 프랑스에서 추방당한 사람이야. 회합에서 발언하기 위해 들어오고 싶어 해. 프랑스에 어떻게 들어온다 해도 바로 체포당하겠지. 언론에 한 방 때릴 작정인 게지."

"그러면 어떻게 되는데?"

"다시 추방당하겠지. 짧게나마 감방에 들어갈 수도 있고. 어쨌든 크게 잘못될 것은 없어. 이게 그 사람이 새로 찍은 사진이야. 프랑스에 들어오려고 갈색으로 염색했대."

나는 사진을 받아 들고 미소 지었다.

"자, 어떡할 거야? 할 마음 있어?"

나는 다음 날까지 신분증을 만들어주겠노라 약속했다. 작업이 많이 밀려 있었다. 평소 같으면 긴급하지도 않은 일에 낭비할 시간이 없었지만 예외를 두고 싶었다. 바로 작업실로 가서 암실에 틀어박혔다. 신분증을 만드는 데는 시간이 많이 걸리지 않았다. 사진을 붙이고 신상 정보를 적어 넣기만 하면 되는 신분증, 스탬프, 인지가 다 구비되어 있었으니까. 단지 신분증 주인에게 프랑스인 같은 이름을 지어주고 글자를 기입하고 사진을 부착하고 너무 새것처럼 보이지 않게 손질만 하면 되었다.

사흘 후에 리아를 데리고 나가서 점심을 먹으려고 ORTF 방송국에 갔다. 화해를 하고 싶었다. 요 며칠간 나는 너무 못되게 굴었다. 우리가 들어간 카페는 유독 시끄러웠다. 대부분 연인은 시위들과 드골의 복귀를 두고 떠들고 있었다. 리아는 작정하고 나의 잘잘못을 따지기 시작했다. 내가 자기 얘기를 귀담아듣지 않고 걸핏하면 집을 비운다고 뭐라고 했다. 그때만은 리아가 하자는 대로 하고 원하는 만큼 충분히 귀를 기울일 수 있어서 좋았다. 그런데 몇 개의 탁자 너머 저쪽에서 어느 금발 여자가 읽고 있던 신문의 1면 사진이 주의를 끌었다. 머리를 갈색으로 염색한 다니엘 콩방디[47]가 노동절 행사 연단을 차지하고 있었다. 나는 미소가 절로 났다.

리아가 내 눈 앞에 대고 손가락을 튕겼다.

"이것 봐, 또 내 말은 듣지도 않지."

"듣고 있었어. 다 들었다고."

"금발 여자에게 정신이 빠져 있었으면서."

"아니야."

---

47  프랑스의 신좌파 운동가로 1968년 5월 혁명 당시 학생 지도자로 활동했다. 상징과도 같은 붉은 머리로 인해 '빨갱이 대니'라는 별명으로 불렸다.(옮긴이)

내가 평생 했던 위조 작업 중에 그렇게 언론의 관심을 크게 끌었고 그렇게 효율 떨어지는 작업은 없었지만 프랑스 당국에 국경은 허술하고 사상의 월경越境은 막을 수 없음을 보여주기에는 좋은 기회였다.

결국 내가 68혁명에 기여한 바가 있다면 그건 단 하나, 프랑스에서 추방된 콩방디가 불법으로 입국할 수 있게 했다는 것이다. 나는 위조범으로서 정치색을 공공연히 드러내지 않으려고 조심해왔다. 내 자리는 시위 현장이 아니라 끊임없이 의뢰가 들어오는 작업실에 있었기 때문이다. 또 다른 이유는, 내 몸은 파리에 있었지만 생각과 마음은 제3세계의 피압제자들에게 가 있었기 때문이다. 대양 저편에서 나를 간절히 원하고 있었다. 나는 68혁명의 전 지구적 열기가 새 바람을 몰고 와 불평등을 조금씩 해소해주기를 바랐다. 이러한 격동의 소용돌이 속에서 나는 자네트를 마지막으로 보았다.

자네트가 연락책 역할을 했던 알제리 전쟁 이후로 우리는 늘 안부를 전하고 지내왔다. 자네트도 스테판처럼 쿠바혁명에 특별한 관심을 기울였다. 1963년 자네트는 섬나라 쿠바에 대한 다큐멘터리를 준비했지만 영화감독보다는 혁명가로서 활동 비중이 커지면서 작업을 포기하고 라틴아메리카 게릴라 집단에 자원했다. 과테말라의 무장혁명전선(FAR)이었다. 처음에는 여행 가듯 왔다 갔다 하다가 점점 더 오랜 시간을 보내게 됐는데 그때마다 내가 만들어준 위조 서류가 요긴하게 쓰였다.

자네트가 마지막으로 작업실에 왔을 때도 여권을 부탁하러 온 것이었다. 그녀가 속해 있는 조직이 뭔가를 준비하고 있었다. 그들은 체 게바라의 죽음에도 불구하고 혁명이 전진한다는 것을 보여주길 원했다. 나는 진심으로 자네트가 걱정되었다. 그녀를 말리고 싶었던 나머지 여권을 만들어주지 않으려고 했다. 자네트는 우수 어린 큰 눈으로 나를 지그시 바라보았다. 그러고는 아이처럼 웃으면서 차분한 음성으로 내가 여권을 주든지 말든지 자기는 갈 거라고 대꾸했다. 나는 마지못해 여권을 만들어주었고 자네트는 과테말라로 떠났다.

여름이 끝나도록 나는 돈이 없어서 휴가를 가지 못했고 아침나나 늘 똑같은 카페에서 크림 넣은 커피 한 잔, 크루아상 한 개, 그리고《르몽드》와 함께했다.

경찰이 과테말라시티에서 게릴라의 자택을 급습했을 때 총을 입에 물고 쏘았다는 젊은 프랑스 여자의 실명은 신문에 나오지 않았지만 나는 알았다. 그 여자는 자네트일 수밖에 없었다.

자네트가 내 앞에서 그 장면을 얼마나 자주 연기했던가? 우리는 반복해서 이런 대화를 나누었다. 우리가 만약 체포를 당하면, 고문을 당하면 어떻게 버틸 것인가? 비밀을 누설하지 않으려면 어떻게 해야 할까? 자네트는 완전한 침묵은 죽음으로만 가능하다고 생각했다. 그녀는 시안화칼륨[48] 캡슐을 생각했다. 하지만 독이 충분히 빨리 퍼지지 않으면 위세척을 당해 살아날지도 모른다. 석을 쏘고 저쪽에서 쏘는 총에 맞을까? 아니, 너무 위험하다. 죽지 않고 부상만 입으면 어떡하나. 그렇다, 자네트에게는 자신이 생각한 방법이 있었고 몇 번이나 시범을 보였다. 손가락 두 개를 총부리처럼 치켜들고 입 속에 쑤셔 넣으면서. "관자놀이를 겨냥했다가는 빗나갈 수도 있거든." 그녀는 망설이지도 않았을 것이다. 생각할 겨를도 없이 실행에 옮겼을 것이다.

신문을 덮는데 목이 메었다. 크루아상이 목구멍으로 넘어가지 않았다. 나는 탁자에 돈을 올려놓고 카페 주인에게 인사도 하지 않고 나왔다. 집으로 들어가려다가 리아를 마주할 때가 아니라는 생각에 발길을 돌려 작업실로 직행했다.

  자네트에게 여권을 주지 말았어야 했다. 나는 죄책감에 짓눌려 이틀간 작업실에 처박혀 지냈다. 아무에게도 문을 열어주지 않았고, 전화도 받지 않았다. 침대에서 일어나기조차 힘들었다. 자네트는 자신의 이상을 끝까지 추구했다고, 다른 방식으로 죽기를 원치 않았을 거라고 나 자신을 위로해도 소용없었다. 이성적으로 생각하기에는 마음이 너무 아팠다. 그리고 혁명은 영광스럽기만 한 길로 나아가지 않고 있었다. 물론 쿠바라는 본보기가 있긴 했다. 하지만 피델 카스트로가 소련과 한편이 된 것을 어떻게 봐야 하나? 쿠바에서 돌아온 자들은 축제와 희망의 시대는

---

48 극소량을 섭취해도 사망할 수 있는 강력한 독극물로 흔히 청산가리라고 한다.

끝났다고 입을 모아 말했다. 풍기 단속이 심해지고 개인의 자유는 묵살당했다. 억압과 검열은 좋지 않은 조짐이었다. 쿠바 모델은 위엄을 잃어가고 있었다. 두 번 다시 자네트를 보지 못한다는 생각에, 슬픔과 고통이 사무치면서 나는 회의에 빠졌다. 행동을 계속해야 하는가, 말아야 하는가? 이제 다 그만둬야 할 때인가?

하지만 몇 주 후 1968년 멕시코 시위대 학살 사건이 일어났다. 경찰은 수백 명의 대학생에게 총질을 했다. 신문은 불과 몇 시간 사이에 300명 이상이 사망하고 그에 맞먹는 인원이 체포당했다고 보도했다. 이 사건은 나의 모든 의심을 쓸어갔다. 나는 또다시 불의에 맞서 싸워야만 했다.

  일주일 후 스테판이 대량으로 위조해야 할 멕시코 여권 견본을 들고 작업실에 찾아왔다. 수배자 수백 명이 외국으로 도피해야 했고 스테판은 이미 그들을 숨겨줄 조직망을 꾸리고 있었다. 우리는 그들에게 유럽의 문, 자유의 문을 활짝 열어놓을 작정이었다.

# 14

1969년, 내가 스테판을 통해 LASO 회원국과 퀴리엘의 조직에 위조문서를 만들어준 지도 벌써 6년이 지났다. 그러니 일상은 어느 정도 정해져 있었다. 그들은 매일같이 작업을 의뢰했고 나는 열 벌, 열다섯 벌, 때로는 그보다 많은 양을 꾸러미로 보냈다. 신분증, 여권, 운전면허증, 통행증, 수료증, 온갖 종류의 증명서를 만들고 또 만들었다. 가끔 일이 없을 때도 있었다.

평온한 시기라고 할 수도 있을 날들이었다. 어느 여름날, 아네트 로제가 친구를 데리고 작업실로 찾아왔다.

나는 아네트가 장송을 만나보라고 했던 때부터 줄곧 그녀와 이심전심인 사이였다. 알제리 전쟁 기간에 장송 네트워크의 주요 인물들이 줄줄이 체포당했는데 아네트도 그중 하나였다. 아네트는 1959년 말에 마르세유 지역 FLN 간부와 함께 체포됐을 때 임신 중이었다. 그녀는 보메트 교도소에 수감되어 재판을 기다렸다. 의사였기 때문에 의료계에서 조력자를 찾을 수 있었다. 동료 의사가 아네트의 검진 결과지를 어느 중환자의 검사 결과지와 바꿔치기 해서 즉시 가석방을 얻어냈다. 재판은 시작됐고 동지들이 징역 10년형을 선고받을 때 아네트는 자동차 트렁크에 숨어 배를 두 손으로 끌어안고 탈주를 시도했다. 스위스와 이탈리아를 거쳐 튀니지에 도착했고 튀니지 FLN에 합류하여 민족해방군(ALN) 전속 정신과 의사가 되었다. 아네트는 다른 사람들과 마찬가지로 궐석재판으로 10년 형을 받았다. 알제리 독립 후에는 수년간 알제리 보건부에서 요직을 수행했다.

마지막으로 작업실에 왔을 때 아네트는 바쁜 와중에 숨을 헐떡이면서 소련이 "인간의 얼굴을 한 사회주의"를 기치로 한 프라하의 봄에 종지부를 찍으려고 체코슬로바키아를 침공했다고 전했다. 그러고는 감옥에 가거나 사형을 당할 수도 있는 개혁주의자들의 도주를 도울 마음이 있는지 물었다. 나는 당연히 그렇다고 대답했다.

이번에 아네트가 들고 온 요청은 그리스 군부독재와 싸우는 투사들을 위한 것이었다. 아네트와 함께 온 친구 자클린 베르도는 그리스 국내 레지스탕스 집단을 위한 물질적 지원을 요청했다. 쿠데타가 2년 전인 1967년에 일어났고 군부 체제는 모든 형태의 저항을 억압했다. 검열, 박해, 투옥, 강제 수용, 고문을 자행한다는 소문이 사실로 확인되었다. 그리스는 유럽평의회에서 축출당했고 독재에 저항하는 이들을 지지하고 인권을 옹호하는 집회가 세계 곳곳에서 열렸다. 나는 2년 동안 퀴리엘 조직을 위해 위조 작업을 했는데 그중 그리스 문서가 얼마 되지 않는다는 사실에 놀랐다.

"지금까지는 영국에서 위조문서를 공수했어. 그런데 이제 그쪽에서 일을 못하겠대." 자클린이 설명했다.

생탄 정신병원에서 근무 중인 마흔에 가까운 의사 자클린은 매끈하고 동그란 얼굴이 호감을 불러일으켰다. 그녀는 초조하게 머리칼을 귀 뒤로 넘기고 말을 이어나갔다.

"현재 그리스 국내에서는 어떠한 저항 행동도 불가능해. 그저 수배자들의 안위가 걱정될 뿐이야."

나는 동시에 여러 나라, 여러 조직의 주문을 받는 것이 달갑지 않았지만 소량이었기 때문에 수락했다.

그리스 신분증은 지금과 같은 플라스틱 코팅이 돼 있지 않고 부드러운 젤라틴으로 덮여 있었다. 정보를 수정하거나 사진을 바꾸려고 겉면을 벗기면 내부의 카드지까지 찢어졌다. 그래서 아예 처음부터 만드는 게 나았다. 나는 이미 그리스 신분증의 기술적 특징을 연구한 적이 있기 때문에 바로 작업에 착수할 수 있었다. 신분증은 평범한 여성용 가죽 가방에 넣어서 들고 가기로 했다. 가방은 충분히 커서 위에는 부드럽고 아래는 단단하게 이중 바닥을 만들 수 있었다. 자클린이 파리와 아테네를 몇 번 왕복

하면서 필요한 양을 운반할 수 있을 터였다.

며칠 후 자클린은 위조 신분증 여섯 벌을 가방 바닥에 숨겨서 아테네로 날아갔다.

자클린이 떠나고 정확히 이틀 후 예상치 않게 롤랑 뒤마가 나를 찾아왔다. 법학과에 다닌다는 여학생이 함께 왔다. 스테파니는 대단한 미인이었고 본인도 그 점을 알고 있었다. 롤랑과 내가 함께했던 옛일을 회상하면서 대화를 나누는 동안 스테파니는 청바지 주머니에 손을 찔러 넣고 지루하다는 듯 아무 말도 하지 않았다. 비로소 입을 연 순간, 그녀의 눈빛에 생기가 돌았다. 스테파니는 낭랑한 목소리로 빠르고 분명하게 말했다. 그리스 레지스탕스 집단에서 활발하게 활동 중인데 동지들이 급히 위조 전문가를 구할 책임을 맡겼다고 했다. 평소 거래하던 영국의 위조문서 공급망이 갑자기 끊겼다나.

스테파니가 속한 조직은 그리스의 자유를 위해 싸우는 프랑스-그리스 단체였는데 자클린의 경우와 마찬가지로 영국에서 위조문서를 조달받지 못해서 어려움을 겪고 있었다. 스테파니는 신분증뿐만 아니라 여권도 필요하다고 했다. 게다가 그들이 원하는 양은 결코 적지 않았다.

그다음 주는 오렐리의 차례였다. 내가 마리알린과 살던 시절에 아기 나탈리를 봐주던 베이비시터 오렐리 말이다. 오렐리는 작업실에 들어서다가 스테판과 마주쳤다. 스테판 역시 쥐리엘의 지시로 그리스인들에게 필요한 위조문서를 부탁하러 온 참이었다. 나는 오렐리를 오랜만에 만나서 정말 기뻤다. 검은 머리를 갈기처럼 늘어뜨린 기운 넘치는 젊은 여인은 10년 전의 수줍고 설움 많은 소녀와 딴판이었다. 오렐리는 심각한 가정사로 가출 중이라고 털어놓았었다. 그래서 마리알린과 나는 오렐리를 베이비시터로 고용했고 오렐리가 다시 집으로 돌아가 학대에 시달리지 않도록 내가 법적 후견인이 되는 절차를 밟았다. 그렇게 해서 사회복지사들이 정식으로 오렐리를 나에게 맡겼다.

오렐리는 미성년 시기는 물론 내가 FLN을 위해 일하던 시절까지 우리 집에서 가족처럼 지냈다. 그러다 결국 죄뇌르 거리 작업실에서 사진만 찍고 현상하는 게 아니라는 사실을 알아버렸다. 하지만 우리는 절대로 그런 얘기를 나누지 않았고 오렐리도 알아서 물러나 있었다. 하지만 어느 날 저녁, 내가 엄청난 물량을 소화하느라 허덕이고 있을 때 오렐리가 나를 돕겠다고 나섰다. 내가 벨기에로 떠나기 하루 전날이었다. 내가 벨기에에서 작업 설비를 갖출 때까지 조직에 비축해놓을 스위스 여권을 우리 둘이서 밤새도록 찍어냈다.

오렐리는 아주 건강해 보였다. 쾌활하게 웃으면서 자신의 새 삶에 대해 털어놓았고 옛날부터 꿈꾸었던 영화 편집 일을 한다고 말할 수 있어 행복하다고 했다. 오렐리는 니콜라라는 남자와 함께 살고 있다면서 나에게 소개하겠다고 했다. 하지만 늘 그렇듯 나는 매우 바빴기 때문에 오렐리에게 당장은 어렵고 다음 달에나 약속을 잡아보자고 했다.

"급한 일이에요!" 오렐리가 딱 잘라 말했다.

나는 잠시 오렐리가 나에게 '양부' 자격으로 지원해달라는 이야기를 할지도 모른다는 정신 나간 생각을 했다. 하지만 오렐리는 다른 얘기를 하고 있었다.

그와 동거 중인 니콜라는 그리스 혁명가인데 몇 년 전 파리에 유학을 와서 무대설계 일을 하며 그리스 청년 레지스탕스 운동을 열정적으로 지원히고 있었다. 니콜라가 나에게 부탁하고 싶은 일이 있는 모양이었다.

별안간 일이 와르르 쏟아져 들어왔다. 갑자기 모두가 그리스 문서를 원하고 있었다. 그후 몇 달간 작업실에서 의뢰인 한 명이 물러나기 무섭게 또 다른 의뢰인이 들이닥치는 일이 반복됐다. 말해둘 것이 있는데, 그리스도 사정이 딱했지만 과거 장송 네트워크에 몸담았던 이들도 내게 도움을 구하러 오곤 했다. 투쟁의 현장은 한두 군데가 아니었다. 과거 FLN을 지지했던 이들은 여전히 나와 마찬가지로 피압제자를 도와야 한다는 의무감을 간직하고 있었다. 세상은 혼란했고 나를 찾는 사람들은 끊이지 않았다. 가령 영화감독 마리오 마레는 내가 공급한 필름과 문서를 가지고 다큐멘터리 영화 「우리의 땅Nossa Terra」을 찍으러 갈 수 있었다. 그는 기니비사우-카보베르데 아프리카 독립당(PAIGC) 반군이 기니비사우의 마키에서 벌이는 투쟁을 카메라에 담았다. 나는 이미 스테판을 통해 PAIGC에 위조 서류를 제공한 바 있었지만 마리오는 기니비사우에서 돌아오면서 PAIGC의 당수 아밀카르 카브랄의 남동생 루이스 카브랄을 데리고 작업실로 찾아왔다. 포르투갈에서 카네이션 혁명이 일어나고 아밀카르가 암살당한 이후 기니비사우공화국의 초대 대통령이 되는 루이스 카브랄 말이다. 루이스는 불법 출국한 상태였으므로 새로운 신분증과 안전하게 머물 곳이 필요했다. 나는 그 일을 맡았고 이로써 우리의 기나긴 협력이 시작되었다. 이를 통해 PAIGC의 고위 책임자들은 유럽을 돌아다닐 수 있었다. 루이스는 주앙이 되었다. 그들의 이름을 일일이 열거하자면 너무 길어질 것이다. 나는 평생 직접 접촉을 피하면서 이 일을 해왔는데 불과 1년 사이에 직접 의뢰를 하는 사람이 10여 명이 되어버렸다.

'절대적 분할'의 원칙대로라면 의뢰인은 내가 자기 말고 다른 누구의 의뢰를 받는지 절대 몰라야 했다. 모두가 자신이 '유일한' 고객이라고 믿어야 했고 그들이 서로 마주치는 일은 막아야 했다. 하지만 내가 주의를 기울여도 그들이 동시에 대기실에 있게 되는 상황을 피할 수는 없었다. 비록 그들은 상대가 사진 작업을 원하는 평범한 고객일 거라 생각했을 테지만 말이다.

판에 박힌 일상이 숨 가쁜 경주로 변했다. 의뢰인이 많아지니 작업량이 늘었을 뿐만 아니라 위험 부담도 커졌다. 사소한 몸짓, 말, 이동에도 신경을 곤두세워야 했다. 작업물 상자에 번호를 매겨서 인화지와 사진을 넣어두는 다른 상자들 뒤에 숨겼다. 뒤마-스테파니 상자는 22번, 아네트-자클린 상자는 78번, 오렐리-니코 상자는 43번 등등. 메트로놈처럼 정확하게 매일 아침 9시에 출근해서 오후 5시에 퇴근하는 프티 씨는 자기 사무실 밖으로 얼굴도 내밀지 않았지만 나는 늘 열쇠 꾸러미를 내 몸에 소지했고 작업실을 나올 때는 모든 문을 잠갔다. 나의 고객들은 일반인이 아니었고 그들의 요청은 장부에 기록해놓을 수가 없었으므로 모두 암호화해서 기억하고 절대로 헷갈리지 말아야 했다. 언제, 누구에게, 얼마나 많은 위조문서를 넘겨야 하는지.

리아가 결국 나와 헤어지기로 했다는 얘기를 할 필요 있을까? 우리의 연애사가 그랬듯이 이별의 과정 또한 길었고 슬픔과 오해로 가득했다.

신경을 곤두세우는 삶으로 돌아간 나는 정신적으로 지치기 시작했다. 결국 현실 인식에 도달했다. 나는 이미 기성세대였고 제2차 세계대전 이후 언제나 현역이었다. 나는 혼자였다. 자유를 위해 싸우는 이들은 많았지만 내 영역에는 거의 아무도 없었다. 필요할 때마다, 위험에 처한 사람이 있을 때마다 나는 위조문서를 만들었다. 똑같은 질문이 항상 나를 괴롭혔다. 내가 일을 그만두면, 나에게 무슨 일이 생기면 누가 내 뒤를 이을 것인가?

나를 대신할 사람을 찾는 계획이 머릿속에서 무르익기 시작했다. 사실 그전에도 가능하면 직접 작업을 하지 않고 누군가를 가르치는 수고를 마다하지 않았다. 문서를 만들지 않아도 될 때도 많았다. 타인의 여권을 빌리거나 슬쩍해서 사진과 정보를 바꾸기만 해도 되었다. 내가 노하우를 전수했기 때문에 레지스탕스 조직들은 어느 정도 위조문서를 자급자족했고 나를 굳이 찾지 않아도 되었다.

  나는 매우 좋은 선생이었고 뛰어난 제자를 여럿 두었다. 포르투갈인 호세 이폴리투 도스 산토스는 혁명행동총동맹(LUAR) 소속으로 일을 매우 열심히 배웠다. 특히 소집해제증명서를 비롯한 군 관련 증명서를 잘 만들었다. 덕분에 반식민주의자 청년들은 포르투갈 군대에서 탈영을 할 수 있었다. 오렐리의 남자 친구 니콜라는 손재주가 뛰어나고 나와 닮은 구석이 있다 싶을 만큼 문제 해결 능력이 탁월했다. 그의 위조 재능이 그리스 레지스탕스 다수의 목숨을 구했다는 것을 안다. 두 사람 다 나의 뒤를 이을 만했다. 다만 그들은 단 하나의 대의에, 단 하나의 운동에 몸과 마음을 바친 터였다. 그들은 조직을 위해 일할 뿐 '프로' 문서위조범이 될 마음이나 여력은 없을 성싶었다.

  우리는 위조의 방법을 두고 고민한 적은 없었다.


알제에 사무실을 두고 있는 아프리카 해방운동 사람들은 나에게 노하우를 전수받거나 작업을 보조할 인물을 자주 파견했다. 나는 그를 받아들이든 돌려보내든 늘 신중을 기했고 어쨌든 선택을 해야만 했다. 당시 번지르르한 혁명의 어휘를 써가며 어느 한

민족의 해방을 외치는 자는 누구든지 부메디엔 정부의 재정 지원을 바랄 수 있었다. 나는 늘 집에서 조금 먼 카페에서 약속을 잡았다. 상대에 대한 정보를 수집하고 오랫동안 시험을 하면서 말 많은 사람, 문외한, 자존심덩어리, 교만덩어리, 불량한 사람은 돌려보냈다.

기술적으로나 정신적으로나 내 뒤를 이을 사람을 오랫동안 관찰하고 물색했다.

"그런 사람을 찾았나요?"

그럴 수도 있었을 인물이 한 명 있긴 했다. 파브리지오는 삼십 대였고 인쇄 일을 잘 알았다. 또한 세계 곳곳의 투쟁에 진심으로 관심을 기울였고 뭐든지 알고 싶어 했다. 나도 그에게는 이 일을 매우 깊이 있게 가르쳤다. 파브리지오는 일주일에 이틀은 나와 한나절을 함께 보냈으며 이런 생활을 6개월 이상 했다. 그리고 매번 실습할 일거리를 가지고 돌아갔다. 머리가 좋고 기억력이 비상한 친구라 진도가 아주 빨리 나갔다. 나는 2년 안에 내가 아는 것을 모두 가르칠 수 있겠다고 생각했다.

그러나 파브리지오의 언행이 차츰 경계심을 자극하기 시작했다. 퀴리엘의 조직 솔리다리테에서 파견한 사람이지만 둘이 터놓고 대화를 나눌 때면 파브리지오는 퀴리엘을 격렬하게 비판했다. 모두가 퀴리엘의 노선에 동의하지 않았던 것은 사실이다. 퀴리엘이 알제리 전쟁 때부터 세워놓은 조직 구조는 점점 더 체계화되어 규모가 커지고 효율성이 높아지고 있었다. 정치라는 것이 그렇다. 어느 한 인물이나 집단의 권력이 커지면 시기와 원한, 분파와 불화가 생기고, 누군가의 자존심이 다치고 결국 전복의 욕망이 일어난다.

하지만 내가 가장 우려한 점은 따로 있었다. 우리는 대화하고 토론하며 서로를 좀 더 잘 알게 되었는데 파브리지오는 "더 급진적으로" "끝까지 가봐야" "피해를 입더라도 할 수 없죠" 같은 표현을 자주 썼다. 당시는 1970년대였다. 적군파, 바더마인호프, 붉은여단 같은 극좌파 테러리스트 집단 얘기로 세상이 시끄러울 때였다. 나는 그러한 도시게릴라의 유혈 폭력 활동을 강하게 비판했다. 얼마 전부터 솔리다리테에서 활동하던 일부 청년들이 무기와 돈을 둘러싼 욕망에 흔들리는 것처럼 보였다. 그들이 대의를 잊고 폭력배를 우상화하다가 돌이킬 수 없는 범죄를 저지르는 것은 아닌지 우려되었다.

파브리지오는 범죄를 저지를 사람은 절대 아니었다. 가령, 돈에는 관심이 없었다. 하지만 '레지스탕스'와 '테러리즘'은 종이 한 장 차이일 수도 있다. 양쪽 경계선을 정확히 구분해 파악하기란 쉽지 않다. 그래서 나는 어느 날 파브리지오의 교육을 중단했다. 그냥 상황이 요구하는 동안은 나 홀로 해보기로 결심했다. 당장은 후계자를 두지 않아도 되었다.

# 15

"왜 그만뒀는데요?"

일련의 충격적인 사건을 겪고서 이제는 물러나야겠다는 결심이 섰다.

1971년 7월 어느 날이었다. 스테판이 죄뇌르 거리의 작업실로 들어와 여느 때처럼 대기실에 앉아 한가로이 수염을 만지작거리고 있었다. 스테판은 단골손님이었다. 우리는 8년간 손발을 맞추었다. 스테판은 대개 파리에 도착하자마자 작업실에 들르고 파리를 떠나기 직전에 한 번 더 들렀다. 파리에 없을 때는 제3세계 어딘가에 가 있었다. 그는 꽃무늬 셔츠에 카메라를 목에 걸고 관광객으로 위장한 채 투사들의 피신, 해방운동 지도자들의 비밀 회동을 조직하고 지원 네트워크를 운영했다. 이륙과 착륙을 밥 먹듯 하면서 모든 인민해방 전선을 누비고 다녔다.

우리에겐 사소한 습관이 있었다. 암실 벽 쪽에 쌓여 있는 수백 개의 인화지 상자 중 하나에 그의 '보따리'가 항상 준비되어 있었다. '스테판'의 상자는 전부 다 똑같이 생긴 상자들 중에서 밑에서 여덟 번째, 왼쪽에서 세 번째였다.

나는 대기실에서 스테판을 데려와 암실로 안내하고 문을 잘 잠갔다. 늘 벽에도 눈과 귀가 있음을 명심했기 때문에 방에 라디오를 두고 우리가 대화를 나누는 동안 틀어놓았다. 프티 씨는 이미 퇴근했지만 음악 소리에 대화가 묻히지 않을 때는 소소한 근황 얘기만 했다. 지하활동 수십 년이면 반사적으로 그런 행동이 나온다.

스테판은 아파르트헤이트 체제에 저항하는 아프리카민족회의(ANC)를 위해 '국내' 여권을 가지러 왔다. 남아프리카공화국 흑인 사회에 반드시 필요했던 이 서류는 신분증과 경찰이 발급하는 통행허가증으로 구성되어 있었다. 아파르트헤이트 체제에서 흑인들은 자기 나라에서 외국인 취급을 당하고 백인들의 도시와 영토에는 출입을 제한당했으며 흑인 거주지에만 머물러야 했다. 국내 여권을 가지고 있어야 어디든 갈 수 있었다.

1960년 평화 집회 이후로 ANC는 체제 전복을 노리는 불법 단체로 낙인찍혔다. ANC의 지도자들은 지하활동에 들어갔다. 그들은 체포되었다 하면 어김없이 넬슨 만델라처럼 무기징역을 선고받았다. 1963년 이래 만델라는 수감돼 있었고 이 사건은 국제 여론에 반향을 일으키고 있었다.

스테판이 처음으로 남아프리카공화국 국내 여권 제작을 의뢰한 해가 바로 1963년이었다. 그후 의뢰가 끊이지 않았다.

우리는 필요한 것을 점검했다. 스테판은 명단과 사진을 주고 자기가 다시 올 때까지 베네수엘라와 도미니카공화국 여권을 준비해달라고 했다.

그러고는 새로운 요청을 꺼냈는데 남아프리카공화국 '국외' 여권을 대량 생산하려면 시간이 얼마나 필요한지 물었다. 아파르트헤이트 척결을 위해 싸우는 ANC 투사들을 출국시켜 국외에서 투쟁을 이어가게 하려는 것이었다.

나는 남아프리카공화국 출국용 여권은 만들어본 적이 없었다. 스테판이 연구해보라면서 어디서 빌렸는지 또는 훔쳤는지 모를 견본을 주고 갔다. 나는 바로 작업에 돌입했다.

견본을 확대경으로 관찰했다. 여권의 원래 주인은 삼십 대 남아프리카공화국 흑인 남성으로 여권에는 웃음기 없이 정면에서 찍은 사진이 붙어 있었다. 가장자리에 찍힌 스탬프 잉크가 사진 속 어깨 부분에 번져 있었다. 구겨진 모양새로 보아 바지 주머니에 오래 넣고 다닌 것 같았다. 살짝 기름때가 끼었고 왼쪽보다는 오른쪽 가장자리가 더 접혀 있었다. 표지는 단순한 황갈색 마분지였고 그보다 조금 더 진한 갈색 워터마크 위에 문장紋章이 찍혀 있었다. 내지는 열 장쯤 되어 보였다. 판형과 무게를 가늠하고 몇 그램짜리 종이가 쓰였는지, 질감은 어떠한지, 세피아 색상이 어떤 느낌을 풍기는지를 파악했다. 인쇄, 손글씨, 스탬프에 쓰인 잉크 성분을 분석하고 사용할 바늘을 정하기 위해 숫자 표기용 구멍 크기를 측정했다.

요철이 있는 스탬프가 없었기 때문에 언뜻 보기에는 기술적으로 어렵다거나 특별한 함정이 있을 것 같지 않았다.

나는 견본을 한 장 한 장 촬영하고 모든 스탬프와 인지의 사진 제판 작업 준비를 했다. 내지에 색을 입혔고 워터마크를 합쳐서 인쇄하고 마분지로 표지를 만들어 붙였다.

똑같은 시험판을 만들기까지 일주일이 걸렸다. 드디어 생산에 들어갈 준비가 끝났다.

나는 '라클로즈리 데릴라'에서 스테판을 만나서 견본을 돌려주고 이제 세부 사항만 알려주면 된다고 말했다.

"그러면 내가 도미니카공화국에서 돌아오는 대로 봐. 그때 명단과 사진을 전달하는 걸로." 그는 그렇게 말하고 떠났다.

일주일이 지났지만 스테판은 돌아오지 않았다. 롤랑 뒤마가 전화를 걸어 얼른 만나고 싶다고 했다. 나는 그의 집으로 갔고 거기에서 미셸 랍티스, 일명 '파블로'를 만났다. 롤랑은 인사를 시킨 후 우리끼리 얘기를 나눌 수 있도록 응접실에서 나갔다.

우리의 행로가 겹친 적은 없지만 나는 '파블로'의 이름을 익히 들었다. 그리스 출신의 이 육십 대 사내는 그리스에 제4인터내셔널을 창립했고 프랑스에 건너와서는 트로츠키주의 정당을 이끌었다. 알제리 전쟁 때는 나와 마찬가지로 FLN을 지원했는데 특히 모로코에 무기 공장을 세우는 책임을 맡았다. 네덜란드에서 위조화폐 유통 작전을 계획했지만 실패했고 그와 동지들은 체포당했다. 파블로는 15개월간 감옥살이를 했다.

파블로는 대부분의 해방운동에 참여한 것으로도 유명했다. 롤랑 뒤마와 스테파니가 군부독재와 싸우는 그리스인들을 돕기 위해 찾아왔을 때도 나는 그들의 네트워크가 파블로주의자들로 굴러갈 거라 짐작했었다.

다만 파블로는 투쟁에 헌신하는 흥미로운 인물이긴 해도 내가 무슨 수를 쓰더라도 피하고 싶은 부류였다. 시쳇말로 '체처럼 구멍이 숭숭 뚫렸다'고나 할까. 그는 경찰의 요주의 인물인 데다 말이 너무 많았다. 내가 보기에는 지하활동의 기본 수칙조차 준수하지 않는 사람이었다. 비밀리에 투쟁하는 이들은 엄중히 지켜야 할 규칙이 있다. 조명을 받는 자리, 공식 정치 집회의 연단은 피해야 한다. 이건 안전과 상식의 문제다.

파블로는 내게 FLN을 지원하던 시절 이후로 어떤 일을 하고 지냈는지 물었다.

"사진 일을 했습니다. 미술품 복제가 전문이지요. 작은 업체를 운영하고 있습니다."

"문서위조는?"

"안 했습니다."

우리의 정치적 견해는 상당 부분 일치했다. 휴머니즘이라는 가치관을 공유한다는 생각이 들었지만 그와 거리를 두고 싶었기 때문에 나의 활동에 대해서는 언급을 피했다.

파블로는 30분쯤 대화를 나누다가 위조 여권을 만들 수 있는지 물으며 견본으로 남아프리카공화국 여권을 내밀었다.

나는 아무 말 없이 여권을 받아 주의 깊게 살펴보았다. 놀라 자빠질 뻔했다. 내가 일주일 전에 스테판에게 돌려준 여권이 아닌가. 똑같은 사진, 똑같은 이름, 똑같은 번호. 가장자리가 접힌 흔적까지 똑같았다. 내가 뜯어보고 촬영하고 무게를 달고 꼼꼼히 연구한 여권이기 때문에 모를 수가 없었다.

"이런 걸 100개쯤 만들려면 시간이 얼마나 필요합니까? 어쩌면 200개? 300개?"

"모르겠습니다."

"금액을 불러보십시오. 당연히 부르는 대로 드리겠지만요."

나는 파블로가 돈 얘기를 해서 충격을 받았다. 내가 돈에 움직이는 사람으로 보였나? 나를 아는 사람들은 비록 소수였지만, 내가 보수를 완강히 거절한다는 사실을 누구나 알고 있었다. 대가를 바라지 않는 봉사를 성스러운 의무로 삼은 이유는, 조직에 대한 나의 독립성과 정치 참여의 청렴성을 유지하기 위해서였다.

나는 의문과 속내를 숨긴 채 대답을 나중으로 미루고 여권을 받아 왔다.

집에 돌아와 주방에서 여권을 한참 들여다보고 나니 도저히 잠을 이룰 수 없었다. 사진 속의 남아프리카공화국 흑인 남성은 무

표정한 얼굴로 나를 바라보고 있었다. 이걸 스테판이나 퀴리엘에게 말을 해야 하나? 나는 늘 연락책은 한 명으로 고정하길 원했다. 스테판을 선택한 이유는 내가 유일하게 신뢰하는 사람이었기 때문이다. 스테판은 차단과 분리의 원칙을 엄격히 지켜주었다. 그에게 수상한 의도가 없음은 내가 이미 백번 천번 확인했다. 그는 자신의 지하활동을 누설하지 않았고 쓸데없는 위험을 무릅쓰지 않았다. 우리가 그토록 오랫동안 합을 맞추어 일한 것은 우연이 아니었다. 스테판 역시 철저히 독립성을 지키며 누구와 손잡고 누구를 위해 일할지 그때그때 세심하게 선택했으니까.

파블로는 ANC 지원이 자신의 임무라고 느꼈다. 이건 놀랍지 않았다. 본인의 존재감을 느끼기 위해, 무엇보다 위조지폐 작전의 실패로 손상된 국제주의 투사의 명성을 되찾기 위해 그래야 했을 것이다.

다만 어쩌다 내가 준 여권이 스테판을 거쳐 파블로에게 넘어갔다가 다시 내 손에 돌아오게 됐는지 이해가 안 갔다. 스테판이 파블로에게 직접 전달했을 리는 없다. 경찰이 엄밀히 감시하는 인물과 함께 일하면 당연히 위험을 무릅써야 하니까. 무엇보다 우리는 이미 해당 여권의 제작 기술 문제를 해결한 터였다. 그렇다면 퀴리엘이? 이게 사실이라면 스테판이 이미 퀴리엘에게 협력하고 있는데 왜 굳이 새로 위조 전문가를 찾는단 말인가?

나는 스테판에게 뭔가 일이 생겼다면 조직의 누군가가 알려주거나 언론 보도가 나왔을 거라 생각했다. 필요하면 퀴리엘이 직접 접촉하지 파블로를 보내진 않았으리라. 게다가 퀴리엘은 나에게 돈 얘기를 한 적이 없었다.

머릿속이 의문들로 가득해 뒤죽박죽이어서 잠이 오지 않았다. 이게 어찌된 일일까? 가능성은 두 가지였다. 퀴리엘의 조직에서 혼선이 빚어진 거라면 애석하게도 불을 만져봐야 뜨거운 줄 아는 아마추어들을 내가 상대하고 있다는 뜻이다. 아니면 조직 내에 첩자가 있어서 경찰의 끄나풀 노릇을 하고 있거나.

다음 날 나는 여권을 파블로의 이름이 쓰여 있는 봉투에 넣어 롤랑 뒤마의 집에 두고 왔다. 요청을 거부한다는 의사를 표한 것이다.

8월이 다가오도록 스테판은 나를 보러 오지 않았다. 나는 걱정이 되어 매일 아침 신문을 꼼꼼히 읽었다. 그의 이름이나 인상착의가 시사면, 아니 더 끔찍하게는 부고란에 뜨지 않기만을 바랐다.

매년 그랬듯이 내 회사는 여름에 몇 주간 문을 닫았다. 오마르 부다우드가 나를 알제에 초대했다. 나는 리아가 떠난 후 에블린이라는 여자 친구와 살았다. 그후 에블린과도 헤어졌지만 친구로 잘 지내고 있었다. 에블린은 아프리카에 가보고 싶어 했다. 어느 날 나는 마그레브도 아프리카라고 생각한다면 알제리에 함께 가자고 제안했다. 그녀는 좋다고 했다. 그래서 우리는 좀 우습지만 이른바 '이별 여행'을 떠났다.

내가 마지막으로 알제리에 갔을 때가 1953년, 알제리 전쟁이 일어나기도 전이었다. 나는 해방된 알제리 땅을 밟아본 적이 없었다.

장송 네트워크의 옛 조직원 중에는 국가 재건에 힘을 보태기 위해 알제리에 정착한 이들이 더러 있었다. 그런 사람들을 '피에 루주'라고 부른다. 장마리 뵈글랭이 바로 그런 경우였다.

언론인이었다가 리옹의 라시테 극장 사무국장이 된 뵈글랭은 나와 마찬가지로 1957년에 FLN 지원 네트워크에 합류했다. 2년 후에는 리옹 지부장이 되었고 마르세유에서 배신자가 조직을 고발한 사건이 일어났을 때 뵈글랭 역시 정체가 발각되었다. 나중에 알았지만 결국 그 배신자가 장송 네트워크를 무너뜨린 원흉이었다. 경찰이 극장으로 뵈글랭을 체포하러 갔을 때 그는 무대 뒤 비상구로 간신히 도망쳤다. 그는 일단 스위스로 갔다가 알제리로 떠났다. 1961년에 장송 네트워크 조직원에 대한 궐석재판에서 10년 형을 받은 뵈글랭은 두 번 다시 프랑스에 돌아오지 않았다. 그는 알제리에서 국영철강회사(SNS) 홍보환경부장이 되었다. 우리는 만난 적이 없었다. 하지만 나는 뵈글랭 이야기를 많이 들었고 장시간 통화를 한 적도 있기 때문에 멀리 떨어져 살지언정 동지애를 느끼고 있었다. 당연히 얼른 만나고 싶었다.

내가 알제에 도착해 연락하자 뵈글랭은 바로 자기 집에 저녁을 먹으러 오라고 했다. 얼굴은 처음 보지만 예전부터 알고 지내는 사이 같았다. 소박하고 따뜻한 만남이었다. 뵈글랭은 똑똑하고 살갑고 진실하고 무엇보다 휴머니스트였다. 모든 면에서 내가 생각했던 그대로였다. 다음 날도, 그다음 날도 나는 그와 식사를 함께했고 체류 기간 내내 그렇게 지냈다.

끝없이 길어지는 식사 시간 내내 우리는 열띤 대화로 세상을 다시 만들었다. 그는 알제 미술학교에서 초청강사 자격으로 사진 기법에 대한 2주짜리 강의를 해달라고 청했다. 미술학교 최고의 인재들이 내 강의를 들었으면 좋겠다고 했다. 나는 늘 젊은 사람들에게 실무를 가르치기 좋아했기에 기꺼이 수락했고 9월에 강의를 하기로 했다.

여름휴가가 끝나갈 무렵, 마지막 인사를 하러 뵈글랭의 집으로 갔다.

"조제프, 떠나기 전에 보여주고 싶은 게 있어."

그는 나를 자기 방으로 데려가 잠겨 있던 서랍을 열고 조심스레 뭔가를 꺼냈다.

"ANC 사람들이 접촉을 해왔어. 동지들을 국외로 탈출시키려면 위조 여권이 필요하대. 이게 견본이야."

오른쪽이 왼쪽보다 뚜렷하게 접힌 남아프리카공화국 여권, 순간 기분 나쁜 예감이 스쳐 갔다.

여권을 펼쳐보았다······.

바로 그 여권이었다.

나는 손가락을 불에 덴 것처럼 몸서리를 치면서 얼른 여권을 도로 내밀었다.

"내가 9월에 오면 다시 얘기해." 나는 그렇게 말하고 황급히 뵈글랭의 집을 나와 택시에 몸을 실었다.

아프리카 해방운동과 연대하는 모든 조직은—하나둘이 아니었는데—남아프리카공화국 여권을 원했다. 지극히 당연한 일이었다. 하지만 어떻게 똑같은 여권이 세 번이나, 그것도 각기 다른 사람의 손을 거쳐 내게 온단 말인가? 심지어 세 사람은 서로 교류하는 사이도 아니고 같은 나라에 살고 있지도 않았다. 내 손에 무슨 신기한 자력이라도 있어 이 여권을 끌어당긴단 말인가? 도대체 이 일을 어떻게 이해해야 하나?

최근 몇 달간 모르는 사람이 작업실로 찾아와 과거 FLN 지원 조직에 함께 몸담았던 아무개의 소개로 왔다면서 위조문서를 부탁하는 일이 더러 있었다. 나는 좋은 말로 거절 의사를 밝히고 그들을 돌려보냈다. 이탈리아의 FLN 지원 조직에서 나에게 몇 달 일을 배우러 왔다가 완전히 틀어진 작자도 한 명 있었다. 나는 문서위조에 대한 모든 것을 가르쳤는데 그자가 이렇게 묻지 않겠는가. "그럼, 이걸로 돈은 어떻게 만듭니까?"

나는 늘 눈에 띄지 않으려고 최선을 다했다. 이목을 끌 것 같은 상황을 피하고, 가명을 쓰고, 정치 집회에는 절대 발을 들이지 않았다. 내 사진을 노출한 적이 없고 감사장이나 공로패 따위를 받은 적도 없었다. 하지만 명백한 사실을 인정하지 않을 수 없었다.

내 이름은 이미 너무 많이 알려져 있었다. 이제 내가 위험했다.

롤랭 거리에서 몽주 거리로 꺾이는 지점, 뤼테스 원형경기장과 마주 보는 작은 계단에 젊은 남녀가 앉아 키스를 나누고 있었다. 나는 그들을 뛰어넘다시피 해서 문이 삐걱거리는 낡은 건물로 들어갔다. 그리고 계단을 한달음에 걸어 5층까지 올라갔다.

학교 선생님 같은 여자가 사방 벽이 책으로 빼곡이 덮인 소박한 집에서 나를 맞아주었다. 아마 그의 부인일 터였다.

"들어오세요, 이리로요." 여자가 복도로 나를 안내했다.

그녀가 가리키는 문을 열자 집의 전체적인 분위기처럼 어두운 집무실이 나왔다. 퀴리엘이 나를 맞아주었다.

"드디어 '조제프 선생'의 얼굴을 보는군요!" 퀴리엘이 외쳤다. "지하활동가 중에서도 가장 은밀히 움직이는 인물을 직접 보다니 영광입니다!"

그는 키가 크고 마른 사람이었다. 등은 굽어 있었고 근시인 눈은 두꺼운 안경 렌즈 때문에 아주 작아 보였다. 유약해 보이는 인상과 교사 같은 말투가 '영감'이라는 별명과 잘 어울렸다.

"우리가 얼굴도 모르면서 함께 일해온 게 몇 년인가요? 1959년부터였나? 12년…… 억압당하는 형제들을 위해 참 많은 일을 해주었지요. 그런데 영광스럽게도 이렇게 직접 와주시다니 무슨 일이라도?"

"똑같은 여권을 세 번 받았습니다."

그는 무슨 말이냐는 듯이 나를 빤히 바라보았다. 나는 커다란 가방을 그의 책상에 올려놓고 열어젖혔다.

"전부 드리겠습니다. 내 스탬프, 문서 제작에 필요한 계산표, 채색 비법, 정보 기입만 하면 되는 문서들, 모든 문서 견본들, 플라스틱 코팅용 가열기까지 다 드리지요. 소중히 다뤄주십시오. 이외에도 전달해드릴 물건이 좀 더 있습니다. 언제 다시 올까요?"

퀴리엘은 당혹스러운 기색을 감추지도 않고 의자에 털썩 주저앉았다.

프랑스로 돌아오는 비행기 안에서 나는 일에서 손을 떼기로 결심했다. 저주받은 여권의 수수께끼를 풀려고 나섰다가는 내가 감옥에 갈 수도 있겠다는 생각이 들었다. 죄수의 신분으로는 누구에게도 도움이 되지 못할 것이다.

뵈글랭이 자기네 회사에서 2년 계약으로 일을 해보지 않겠느냐고 했었다. 처음에는 거절했다. 그러다 그놈의 여권을 본 순간 이런 생각이 들었다. '못할 것도 없지.' 하지만 1년만 계약하고 싶었다.

내 정체는 발각됐다. 그렇게 말할 수밖에 없다. 이제 나는 허공으로 사라져야만 했다. 적어도 정보기관에서 내 존재를 잊어버릴 때까지는 있는 듯 없는 듯 살아야 했다.

나는 계산을 해봤다. 내 나이가 마흔여섯인데 위조 일은 열일곱 살 때부터 해왔다. 거의 30년 아닌가. 그토록 오래 이 일을 할 수 있었다는 것 자체가 기적이다.

  나의 도주는 '영감'의 조직에 적잖은 타격을 입힐 터였다. 그래서 나는 수습 두 명을 교육해주기로 했다. 내가 물러나 있는 동안 스테판은 그들에게 일을 부탁하면 될 터였다. 프랑코 정권에 저항하는 스페인 사람들 쪽은 내가 이미 여러 명 교육을 시켰으니 어떻게든 해나갈 것이다.

  내 자식들은 이제 성인이 됐으니 그애들이 나를 보러 와도 된다. 나는 이제 같이 사는 여자도 없었고 가진 것도 없었다. 지금 사는 집은 임대를 중단하면 되고 회사도 휴업 상태에 들어가면 된다. 내가 벨기에로 떠날 때 프티 씨가 그렇게 해주었으니 이번에도 그렇게 하면 된다.

1971년 12월 말, 나는 위조 전문가 생활을 1년만 중단할 작정으로 알제로 떠났지만 그후 두 번 다시 위조에 손대지 않았고 알제리에서 10년이나 살았다. 알제에서 법학을 공부하면서 앙골라해방운동(MPLA)에서 자원봉사를 하는 여대생을 만났다. 그녀가 사라의 어머니 레일라다. 이번만은 나도 새출발을 하고 싶었다. 지하투쟁의 그늘과 고통을 벗고 남들처럼 환하고 투명하게 살고 싶었다.

지금도 66년 전에 내가 처음 만들었던 위조 서류가 가끔 생각난다. 그 행위가 내 운명에 그토록 깊이 새겨질 줄을 어디 상상이라도 했던가? 당시에는 그런 게 레지스탕스였다. 프랑스가 해방된 이후 대부분은 더 이상 저항을 할 필요가 없었다. 하지만 나는 그렇지 않았다. 위조범으로서 내 삶은 끝없는 저항의 연속이었다. 나치즘이 패퇴한 후에도 나는 불평등, 분리 정책, 인종차별, 불의, 파시즘, 독재에 저항해왔다.

내가 제2차 세계대전이 끝난 후에도 그러한 참여를 이어나간 이유를 이해하지 못하는 사람도 많을 줄 안다. 이제 내 목숨이 위태로운 것도 아닌데 왜 암살이나 투옥의 위험을 무릅쓰면서까지 먼 땅에서 일어나는 오만가지 투쟁을 지원했을까?

나는 레지스탕스 활동의 순리를 따르다 보니 자연스럽게 모든 투쟁에 함께하게 되었다. 1944년에 깨달은 바가 있다. 자유는 소수의 결단과 용기로 쟁취할 수 있는 것이다. 불법 투쟁도 인간의 가치와 존엄에 위배되지 않는다면 진지하게 고려할 만한 효과적 수단이다.

나는 내가 사용할 수 있는 유일한 무기, 즉 위조 기술과 지식, 기발한 사고, 흔들림 없는 이상으로 나 나름의 투쟁을 30년 가까이 이어갔다. 우리에게는 상황을 바꿀 힘이 있다는 확신을 품고 그저 손 놓고 있기에는 도저히 참을 수 없는 현실, 그저 지켜볼 수만은 없는 현실과 맞서 싸웠다. 더 나은 세상은 만들어가야 하는 것이라고 믿었기에 가능한 한 힘을 보탰던 것이다. 그러한 세상이 오면 더 이상 위조범은 필요하지 않을 것이다. 나는 여전히 그런 세상을 꿈꾼다.

### 이야기를 마치며

나는 아버지의 생애를 글로 쓰기로 결심하면서 의도적으로 아버지의 투쟁에 초점을 맞추었다. 그래서 이 이야기는 아버지가 비밀 정치 투쟁을 중단한 1971년 말이라는 시점에서 끝난다. 아버지의 다른 삶, 그러니까 내가 속해 있고 내가 잘 아는 삶에 관심 있는 사람은 우리 가족과 몇몇 지인밖에 없으리라. 하지만 이 글을 쓰는 시점에도 풀리지 않은 의문들이 있었다. 아버지가 프랑스를 떠난 이유는 잘 알겠다. 하지만 그후에는 어떤 일이 일어났을까?

나는 다시 아버지에게 물어보기로 했다.

"1972년 새해를 며칠 앞두고 알제에 도착했단다. 새해, 새 삶, 새 출발. 나는 알제 미술학교의 가장 촉망받는 학생들에게 사진 기술, 사진제판, 인쇄를 가르쳤지.

원래는 1973년 초에 파리로 돌아올 생각이었다. 하지만 1년이 금세 다 갔고…… 알제리 생활이 만족스러웠기 때문에 굳이 귀국을 서두르지 않았어. 그러다 어느 날 MPLA 소속 친구의 부탁으로 레일라라는 여성 활동가를 차로 데리러 가게 됐단다. 그래, 네 엄마 레일라 말이다. 알제리 남부 출신인 검은 피부의 레일라는 진보적인 이맘[49]의 딸로 대단한 미인이었고 따라다니는 남자들도 많았어. 알제 대학 법학과에서 공부하는 교양 있는 여성으로 아프리카 탈식민운동에 동참하고 있었고 현대미술과 사진에도 관심이 깊었지. 우리는 예술을 논하다가 가까워졌단다.

나는 네 엄마의 마음을 얻고 싶어서 다른 미래를 생각해보게 됐지. 전에는 그런 적 없었는데 갑자기 인생을 처음부터 다시 시작하고 싶어 미칠 것 같더라고. 나는 내가 감옥에 가거나 죽음을 당하지 않은 게 얼마나 큰 행운인지 잘 알고 있었어. 내 인생을 결산해봤지. 어쨌든 그늘에 가려진 불법 투쟁의 세월이 너무 길었어. 그렇게 긴 세월 동안 타인들의 목숨이나 자유를 구할 수 있었지만 정작 내 삶은 돌보지 못했잖아?

나는 네 엄마와 결혼했단다. 네 오빠 아타우알파가 태어났고 그후엔 둘째 호세가, 마지막으로 네가 태어났어. 그리하여 나는 반백 살이 되어서야 두 번째 인생을 누리게 됐단다. 보너스로 얻은 인생이라고 생각해."

---

49  아랍어로 지도자라는 뜻으로 이슬람에서 크고 작은 종교 공동체를 통솔하는 사람을 가리킨다.(옮긴이)

"그러면 프랑스에는 왜 10년 만에 돌아왔어요?"

"네 엄마가 원해서였어. 레일라는 종교적 근본주의의 물결이 가라앉지 않을 것을 예감했거든. 나는 못 느꼈는데 네 엄마는 제대로 보고 있었던 거야. 사회가 점점 각박해지는 걸 느꼈던 게지. 레일라는 너희 셋을 걱정했어. 너희는 '혼혈'이잖니. 그리고 '유대인' 남성과 결혼한 자유로운 여성인 자기 자신을 걱정했지. 우리의 결합이 자식들에게 풍요로운 기반이 되길 원했는데 되레 위험 요소가 되어버린 거야. 1982년에 네 엄마와 나는 짐도 없고 일자리도 없이 어린애 셋만 데리고 서둘러 프랑스에 입국했단다. 3개월짜리 관광비자로 무작정 왔고 일이 최대한 잘 풀리기를 바랐지. 우리는 이민을 신청해놓고 어디로 쫓겨날지 몰라 두려워하는 이방인들이었어. 레일라는 알제리 국적이지만 나와 너희 삼남매는 아르헨티나 국적이었으니 말이야…… 나는 프랑스에 돌아와 옛날처럼 '라클로즈리 데릴라'에서 스테판과 재회했지. 그는 1980년까지 투쟁을 이어나갔고 여전히 언론인이자 기록영화 제작자로 일하고 있었어. 퀴리엘은 1978년에 롤랭 거리 자택 엘리베이터 밑에서 라멩루주[50] 요원에게 암살당했단다. 나

---

[50] '붉은 손'이라는 뜻의 테러리스트 단체로 실상은 프랑스 정보부에서 갈라져 나온 조직이었다. 이들은 고의적인 방해 행위를 일삼고 껄끄러운 인사를 암살했다. 앙리 퀴리엘 암살은 라멩루주 혹은 OAS의 소행으로 여겨지고 있으나 확실한 물증은 없다.

는 그 사실을 알제리에서 신문을 보고 알았지. 스테판과 나는 정말 마음이 아팠지. 퀴리엘의 죽음이 마치 한 시대의 종결을 뜻하는 것 같았거든. 우리도 많이 늙었고 이제 현역이 아니었어. 1980년대의 지정학적 분쟁은 우리가 따라잡을 수 없었어. 우리는 무엇에 성패가 달려 있는지 이제 알지도 못했어. 나는 다시 사진 일로 돌아갔고 귀화 신청을 했지. 너희 셋이 프랑스에서 자유롭게 살 수 있어야 했거든. 그렇게 해서 1992년에 우리는 프랑스인이 되었단다. 나는 예순일곱 살이었지만 여전히 젊은 아버지였어! 비록 너희에게 더 나은 세상을 주지 못했지만 너희가 커가는 모습을 보면서 내가 치열하게 싸우면서 지키고 싶었던 가치를 전하고 싶었단다. 이제 그 가치를 전했다고 믿는다.

## 감사의 말

옛 기억을 공유해주신 드니 베르제르, 오마르 부다우드, 마리알린 콜르노, 엘렌 퀴에나, 롤랑 뒤마 선생님, 아니타 페르난데스, 알리 하룬 선생님, 호세 이폴리투 도스 산토스, 프랑시스 장송, 레일라 카민스키, 마르트 카민스키, 폴 카민스키, 마르슬린 로리당, 요람 무셰니크, 니코, 세라 엘리자베스 펜, 벨카셈 라니, 오렐리 리카르, 아네트 로제, 수지 로젠버거, 폴루이 티라르, 장피에르 방탱겡에게 고마운 마음을 전합니다. 또 원고를 여러 번 읽고 조언해주신 장에티엔 코앙세아, 알방 피셰르, 니콜 젝스, 레일라 카민스키에게 감사드립니다.

**옮긴이의 말**

때로는 사실이 허구를 능가한다.

유대인 수용소에서 살아남은 소년이 유대인들을 살리기 위해 위조 서류 전문가가 된다는 사연도 놀라운데 그 후에도 전 세계의 오만 가지 투쟁에 참여했다고? 게다가 그 소년이 문서 위조에 비범한 재능을 발휘하기까지의 예비 과정들은 소설이라고 하면 개연성이 떨어진다는 말을 들을 성싶을 만큼 운명적이다.

이 책의 주인공 아돌포 카민스키는 제2차 세계대전 당시 레지스탕스 활동을 했고 동지들의 죽음을 수없이 지켜보면서도 그 뜻을 꺾지 않았다. 그리고 전쟁이 끝난 후에도 더 나은 세상을 만들기 위해 싸우는 이들을 구하기 위해 자신의 안위를 돌보지 않았고 어떤 금전적 대가도 취하지 않았다. 그렇게 살 수 있었던 힘, 그 절박함은 어디서 나왔을까. 정의로운 세상을 꿈꾸는 소년의 마음이 허다한 목숨을 구했다. 아돌포 카민스키의 위조문서

덕분에 목숨을 구한 사람은 1만 4000여 명으로 추정된다고 한다. 그는 2023년 1월에 유명을 달리했다. 영화 「쉰들러 리스트」에는 한 생명을 구한 자는 전 세계를 구한 것이라는 말이 나온다. 쉰들러뿐만 아니라 카민스키도 수없이 많은 세계를 구했다. 그는 유대교인이 아니었고 종교에 큰 뜻을 품지도 않았지만 내세가 있다면 틀림없이 좋은 곳에 갔을 것이다.

    카민스키는 훗날 프랑스 무공십자훈장, 레지스탕스 자원 전투원 십자훈장, 파리시 베르메유 메달을 받았다. 프랑스에서 다큐멘터리 영화와 책이 나왔을 뿐 아니라 뉴욕타임스에도 기사가 실린 적 있다. 그렇지만 이 책은 그의 딸 사라 카민스키가 직접 인터뷰를 하고 관련자들과의 인터뷰와 조사 작업으로 재구성한 회고라는 점에서 자료적 가치와 감동이 크다. 비록 아돌포 카민스키가 직접 쓴 글은 아니더라도 그의 육성 인터뷰를 바탕으로 한 만큼 오랫동안 아픔에 노출되었던 사람 특유의 절제된 정서, 그럼에도 숨길 수 없는 인간적 고뇌와 슬픔을 담고 있다. 독자들은 이 책을 읽으면서 그 시절을, 이 거짓말 같은 사연들을 상상하기만 해도 야만 속에서 인간이기를 선택한 자의 결의와 가슴 뼈근한 아픔을 느낄 수 있으리라 믿는다.

개인적으로는 올해 이 책 말고도 쇼아, 유대인, 시온주의를 다루는 책을 한 권 더 작업했는데, 그런 탓인지 출간을 앞두고 번역 원고를 다시 읽으면서 (정리는 되지 않지만) 생각도 많아졌고 몸살 날 것 같은 안타까움도 짙어졌다. 그리고 아돌포 카민스키가 하나의 팔레스타인 안에서 각자 종교와 국적을 유지하되 정치와 종교를 분리하는 체제를 지지했다는 점에 깊은 인상을 받았다(하지만 유엔은 팔레스타인에 두 개의 국가를 두는 방안을 채택했다). 카민스키는 본인이 유대교를 믿지 않는 유대인이었기 때문에 세속주의를 공존의 접합제로 삼아 유대인과 아랍인이 더불어 살 수 있다고, 서로 다른 종교를 가진 사람들도 다 같은 '시민'으로서 기능할 수 있을 거라고 생각했을 것이다. 과연 그렇게 될 수 있었을까? 아니면, 이슬람교와 유대교는 그러기에는 너무 제정일치의 성격이 강하기 때문에 어떤 식으로든 그 땅에서 전쟁은 터지고 말았을까? 카민스키는 스스로 인정하듯 공상주의에 가까운 이상주의자였지만 아마 그랬기 때문에 거짓말처럼 놀라운 일을 해낼 수 있었을 것이다.

 세계는 여전히 전쟁 중이고 자국의 이익만을 강조하는 극우적인 지도자들이 도처에서 정권을 잡고 있다. 다들 살기가 팍팍해서인지 인도주의적인 가치에 실망을 느꼈기 때문인지 알 수 없지만 언제 또 인간에 의한 인간의 차별이 공공연해질지 모르는 이 시대에 카민스키의 용기와 결의를 기억해야 할 것이다.

**어느 레지스탕스 위조범의 생애**

1판 1쇄 인쇄 2025년 2월 25일
1판 1쇄 발행 2025년 3월 15일

글쓴이 사라 카민스키
옮긴이 이세진
펴낸이 박기효
펴낸곳 빵과장미

출판 등록 2008년 2월 4일 제2020-000080호
주소 서울특별시 은평구 통일로72길 30-37, 501호
대표 전화 02-3141-9180
이메일 breadnroses@naver.com
페이스북 facebook.com/breadnroses.books
인스타그램 breadnroses.books

한국어판 ⓒ 빵과장미, 2025, printed in korea
ISBN 979-11-987966-2-2 03920

• 잘못 만들어진 책은 구입처에서 교환해드립니다.